世界一やさしい REITの教科書1年生

かつさんど

ソーテック社

ご利用前に必ずお読みください

本書はREIT・投資信託・株式売買、投資の参考となる情報提供、技術解説を目的としています。REIT・投資信託・株式売買、投資の意思決定、最終判断はご自身の責任において行ってください。

本書に掲載した情報に基づいた投資結果に関しましては、著者および株式会社ソーテック社はいかなる場合においても責任は負わないものとします。

また、本書は2024年3月現在の情報をもとに作成しています。掲載されている情報につきましては、ご利用時には変更されている場合もありますので、あらかじめご了承ください。

以上の注意事項をご承諾いただいたうえで、本書をご利用願います。

※ 本文中で紹介している会社名、製品名は各メーカーが権利を有する商標登録または商標です。なお、本書では、©、®、TMマークは割愛しています。

Cover Design & Illustration…Yutaka Uetake

はじめに

名古屋市在住、ＦＩＲＥ投資家「かつさんど」と申します。

私は幼少期から投資に興味を持ち、20代前半で株式投資デビューしました。

大学卒業後、海外高級ブランドの日本法人に就職しましたが、入社してすぐに自分の能力に限界を感じ、専業投資家になりたいと思いました。

それから百冊以上の投資関連の本を読み、投資の基本を学び、さまざまな投資を実践しました。失敗もありましたが、自分なりの投資手法が確立でき、資産を徐々に増やすことができました。

住居兼投資物件として購入した不動産が値上がりし、その売却益で目標としていた資産に到達できたので、２０１８年に会社を退職し、ＦＩＲＥというライフスタイルを実践しています。

ＦＩＲＥは、資産を守る段階の投資となり、堅実な資産運用が求められます。

そこで注目した投資手法が、安定したインカムゲインが期待できる「ＲＥＩＴ」と「不動産クラウドファンディング」です。

本書では投資初心者や未経験者でも、簡単にそして少額から取り組める不動産投資について、やさしく解説しています。

「貯蓄から投資へ」が意識される中、新ＮＩＳＡ制度も始まります。

ＦＩＲＥを達成した私が実際に投資している、新しいカタチの不動産投資商品も解説していますので、ぜひ参考にしてください。

目次

2時限目 REITへの投資方法と選び方のポイント

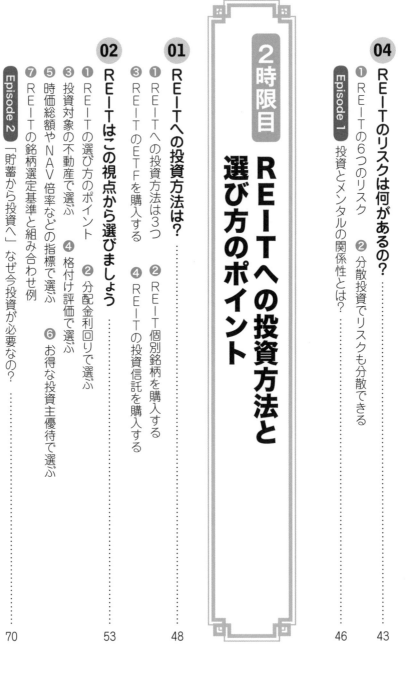

3時限目 これであなたも不動産オーナー REIT投資を始めてみよう

4時限目 新NISAとiDeCoを利用して投資の利益を非課税にしよう!

5時限目 不動産投資の新しいカタチ「不動産クラウドファンディング」

6時限目 安定した資産を築くための投資戦略と資産配分法

0時限目

少額からできる不動産投資とは？

まずは、不動産投資の基本と少額からできる不動産投資についてみていきましょう。

01 そもそも不動産投資とは？

1 安定した家賃収入と下がりづらい物件価格が魅力

不動産投資は株式や債券投資と並び、日本ではポピュラーな投資手法の1つです。現物の不動産を購入し、貸し出すことから**現物不動産投資**と呼ばれています。

現物不動産投資は、安定した家賃収入が魅力で一般的には株式投資よりも、リスクが低い**ミドルリスク・ミドルリターン**の投資手法として人気を集めています。

● 各投資のリターンとリスクの比較

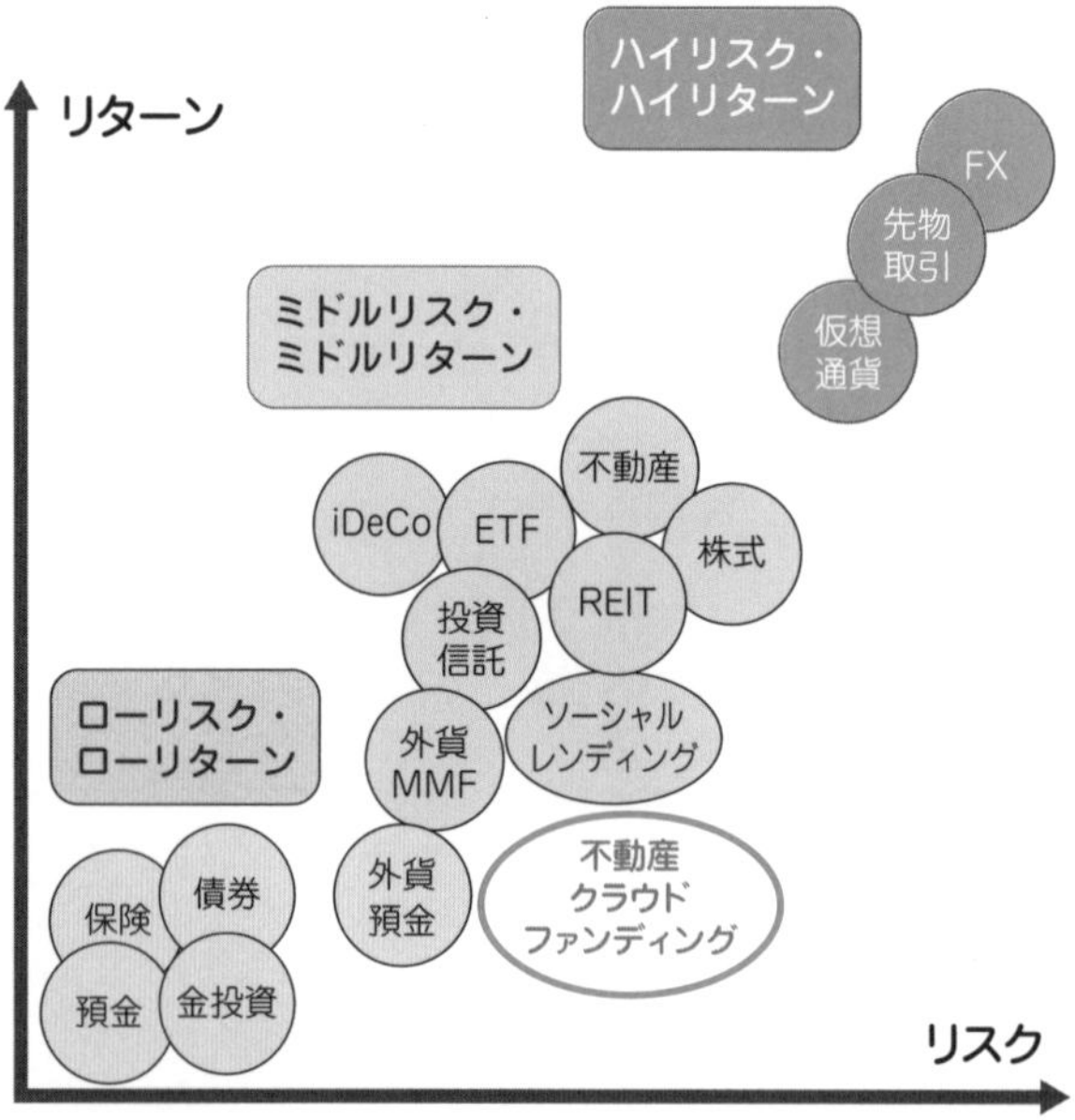
リターン
リスク
ハイリスク・ハイリターン
FX
先物取引
仮想通貨
ミドルリスク・ミドルリターン
不動産
iDeCo
ETF
株式
REIT
投資信託
ローリスク・ローリターン
外貨MMF
ソーシャルレンディング
外貨預金
不動産クラウドファンディング
保険
債券
預金
金投資

また、不動産は株式や為替など、他の金融市場の影響を受けにくく、価値が比較的安定している点も魅力のひとつです。

2 現物不動産は購入資金の確保がネック！

近年では、本業以外の安定した副収入の確保や、老後の年金対策として不動産投資を検討する人が増えています。

マンションや土地、家などを購入して行う**現物不動産投資**は、まず不動産を購入することから始まるため、**多くの資金が必要**となり、**購入資金を確保する必要**があります。

また、契約や管理の面で専門的な知識が必要な場合もあり「お金持ちのための投資手法」や「なんだか難しそう」というイメージを持つ人も多いでしょう。

現物不動産投資の初期費用は、最低でも数百万～数千万円以上、場合によっては1億円以上の大きな資金が必要になります。

最近は、建築資材や人件費の高騰により、新築の不動産物件価格は上昇傾向にあります。不動産価格の上昇は中古物件にも及び、不動産売買の経験がない個人が、限られた資金で優良な物件を買うこと自体難しくなってきています。

少ない資金でも融資を受ければ大丈夫と考える人もいますが、最近は金融機関の融資審査も厳しくなっています。

また、不動産投資において、購入のためにローンを組むことは悪い借入れではないものの、**借金をして投資することに抵抗がある人も多い**と思います。

不動産投資をしてみたいと思っても、資金や知識、投資経験の面で初心者には参入のハードルが高く、色々調べていくうちに断念する人も多いのではないでしょうか？

3 2種類の少額からできる不動産投資

最近は、**少額からでも優良な不動産物件に投資できる新しい投資方法**が注目を集めています。

少額から始められる不動産投資方法には次の2つがあります。

- **REIT《リート》**
- **不動産クラウドファンディング**

どちらも1～5万円ほどの少額から、インターネットを通じて気軽に始めることができ、現物不動産投資のような難しい契約や投資後の管理も必要ありません。

本書では、この新しい形の不動産投資の基本知識、メリット・デメリットを詳しく解説していきます。

4 不動産投資には直接投資と間接投資の2つがある

直接投資は、**自分で物件を選んで購入**し、運用と管理を行う現物不動産投資です。

大きな初期投資費用と投資後の管理などの手間がかかりますが、購入した不動産は自分の資産になります。

間接投資には、本書のテーマとなる**REIT**と**不動産クラウドファンディング**があります。専門的な知識や時間がなくても、**少額から手間なく投資ができる**メリットがあります。

❶ REITとは？

REIT（不動産投資信託）とは、複数の投資家から集めた資金でオフィスビル、

● 不動産投資　方法別比較表

	直接投資	間接投資	
	現物不動産投資	REIT	不動産クラウドファンディング
投資金額	数百万〜数千万円以上	5万円〜	1万円〜
管理コスト	管理費用、修繕費用、固定資産税などがかかる	不要	不要
投資対象	マンション・アパート一棟か区分、一戸建て	オフィス、ホテル、物流施設、マンションなど大規模物件	マンション、アパート、ホテルなど中小規模物件
不動産の選定	自分で選定する	プロにお任せ	色々なファンドから選べる
流動性	低い	高い	低い
価格変動	緩やか	日々価格変動あり	なし
利益の種類	家賃収入、売却益	分配金、売却差益	分配金、売却差益の還元（ファンドによる）
所得の種類	不動産所得	譲渡所得・配当所得	雑所得

ホテル、商業施設、マンション、物流施設などの不動産を購入し、その**家賃収入や売買差益を投資家に分配する金融商品**です。

ＲＥＩＴは証券取引所に上場し、証券口座があれば**株式と同じようにいつでも売買が可能**です。

また、保有中は年１～２回の決算ごとに分配金を受け取ることができます。

❷ 不動産クラウドファンディングとは？

不動産クラウドファンディングとは、インターネット上で**投資家を募集して、集まった資金で事業者が不動産の購入・運用**を行い、**家賃収入や売却益を投資家に分配する投資商品**の仕組みです。

１万円から参加可能で少額から投資することができ、日々の価格変動もないので、毎日値動きを確認することができない忙しい人にもおすすめです。

また、あらかじめ運用期間が決まっており、運用終了までは特別な管理の必要もなく待つだけの投資となります。

02 現物不動産投資について知っておこう！

1 現物不動産投資の収益は家賃と売却益

不動産投資の魅力は、安定した毎月の家賃収入（インカムゲイン）と、資産価値の上昇による売却利益（キャピタルゲイン）の両方が期待できる点です。

●不動産投資の2つの収益とは？

- インカムゲイン　：家賃収入
- キャピタルゲイン：物件の売却益

購入した物件を貸し出すことで、毎月の家賃収入（インカムゲイン）を得ることができます。これは長期的に安定したキャッシュフローを生み出し、投資家にとっては大きな魅力となります。

また、物件価格が上昇した場合、売却することで大きな利益（キャピタルゲイン）を得られる可能性もあります。

2 現物不動産の3つの投資先

現物不動産投資の投資先は、主に3つに分けることができます。

❶ 一棟投資

マンションやアパートを**一棟まるごと購入**し、貸し出して家賃収入を得る方法です。

部屋数の分だけ得られる家賃収入は多くなりますが、取得費用は高くなり、ローンを組んだ場合の返済額は多くなります。

❷ 区分投資

● 現物不動産投資の利益の仕組み

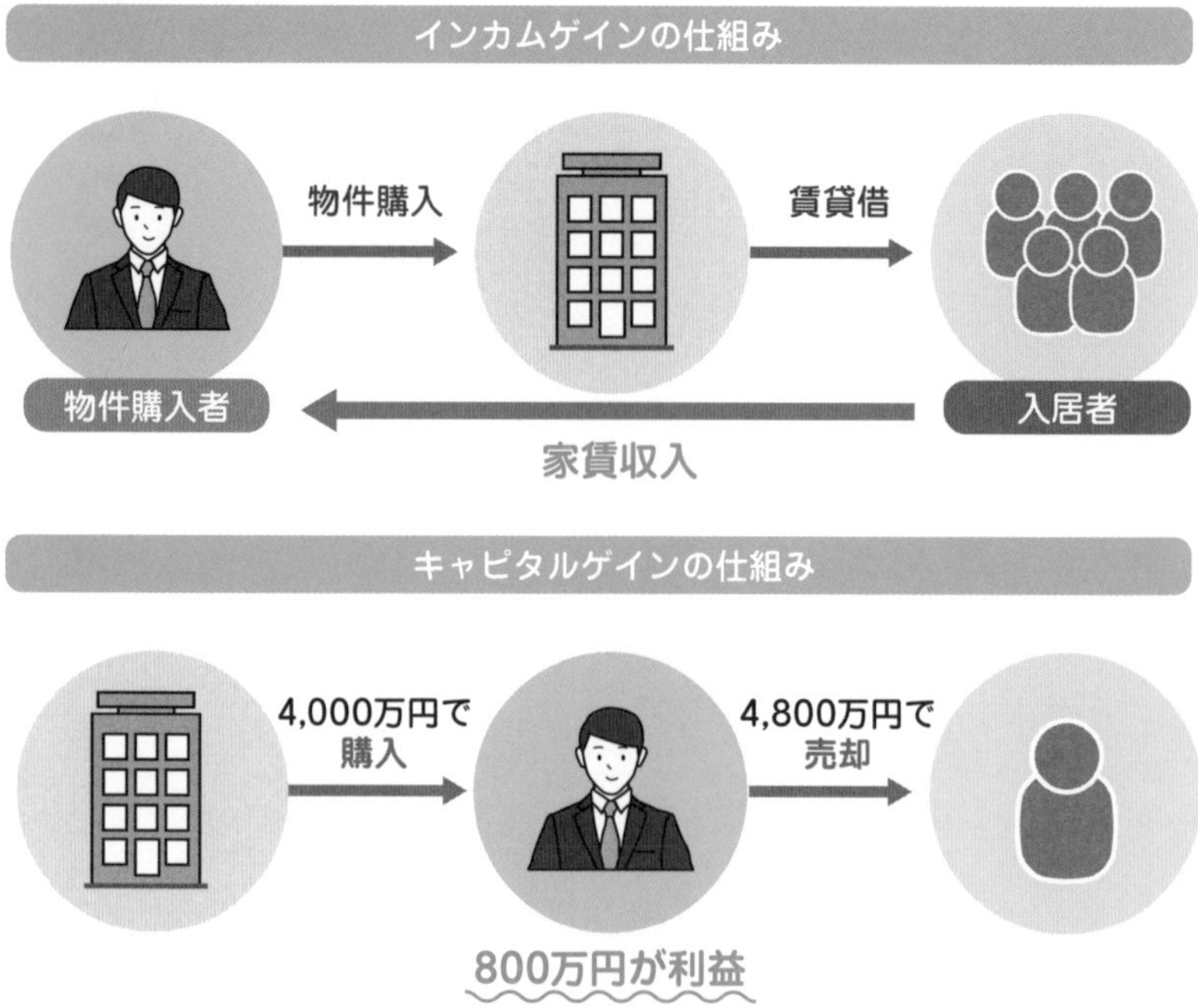

インカムゲインの仕組み
物件購入
賃貸借
物件購入者
入居者
家賃収入
キャピタルゲインの仕組み
4,000万円で
購入
4,800万円で
売却
800万円が利益

マンションなどの一室を購入し、家賃収入を得る方法です。

初期投資費用は抑えられますが、所有部屋が一室のみの場合、入居者がいるかいないかのどちらかになるため、空室リスクは大きくなります。

一室なら売却がしやすく、一棟投資と比べ、流動性は優れています。

❸戸建て投資

一戸建てを購入し貸し出す方法です。

マンションやアパートに比べ、修繕費用は安く抑えられるメリットがあります。

入居者がいない場合、家賃収入はゼロになるため、**空室リスク**の影響を受けやすくなります。

● 現物不動産投資の種類　比較表

	一棟投資	区分投資	戸建て投資
初期投資費用	多額の資金が必要	一棟所有に比べ、抑えられる	物件による
流動性	低い	高い	普通
空室リスク	分散できる	高リスク	高リスク
土地の所有権	単独で所有できる	持ち分に応じて共同所有	単独で所有できる

03 現物不動産投資のメリットとデメリット

1 インフレに強い不動産投資

不動産は、物価上昇（インフレーション）に対して強い投資手法とされています。これは、物価が上昇すると、家賃もそれに連動して上昇する傾向があるためです。

また、土地や建物の価格自体もインフレにより上昇するため、売却時の利益も期待できます。

2 円安時には不動産価格が上昇

最近は円安が話題になっていますが、不動産投資には円安時の

物件代も高額ですが、
諸経費も合わせると
結構な額になるよ。

メリットが存在します。

円安になると、外国からの投資が増え、不動産価格が上昇する可能性があります。これは、外国人投資家にとって日本の不動産が相対的に割安に見えるためです。

3 現物不動産投資のデメリット

❶ 初期投資費用がかかる

不動産投資を始めるためには、物件の購入費用や諸経費など**大きな初期費用が必要**となります。

物件の購入代金以外にかかる費用

- 仲介手数料
- 印紙代
- 不動産登記手数料
- 不動産登録免許税
- 不動産取得税
- 固定資産税（日割り計算）
- 火災保険、地震保険などの保険料

これらの費用は、**物件代金の10％弱**になることが多く、物件価格の110％が初期投資に必要な費用となります。

例えば、2000万円の中古物件を購入した際は、200万円ほどの支払いが必要となります。

一般的な株式投資などと比べて資金面のハードルが高いと言えます。

❷毎月のローン返済負担

初期費用を捻出するためには、多くの場合、銀行などの**金融機関からの借入**が必要となります。

しかし、不動産投資ローンを組むことで返済負担が発生し、**金利の変動リスク**もあります。

❸専門的な知識が必要

不動産投資は、物件の選定や契約をする際、不動産や法律に関する**専門的な知識**を必要とします。

これらを自分で行う場合は、時間と労力、また一定の経験も必要となります。

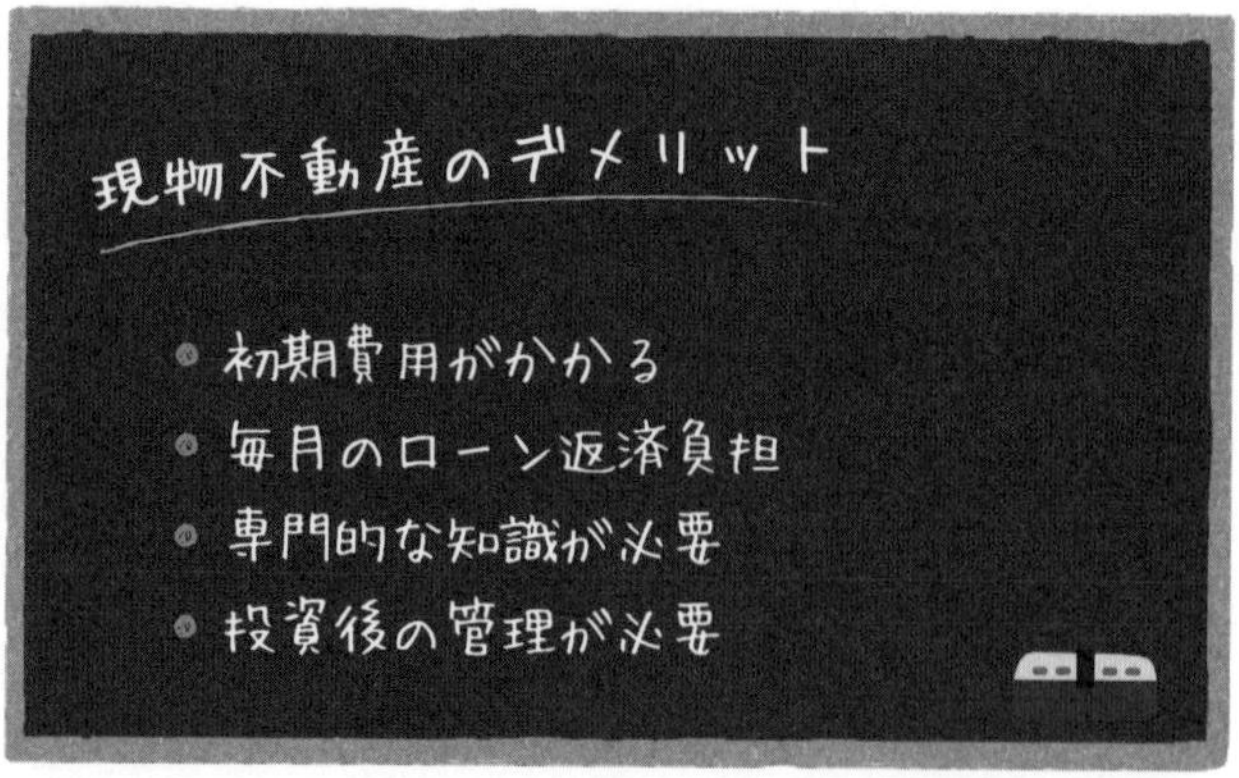

現物不動産のデメリット
初期費用がかかる
毎月のローン返済負担
専門的な知識が必要
投資後の管理が必要

❹投資後の管理が必要

物件を購入した後も、入居者の募集や建物内外の維持管理などの継続的な管理が必要です。退去が発生した際には、室内の修繕・クリーニングも必要です。これらを怠ると、所有物件の価値が下がり、投資効率の低下を招く可能性があります。

4 現物不動産投資にはこんなリスクも

❶物件の空室リスク

入居者が見つからず、所有物件が空室になるリスクです。空室が続くと家賃収入が得られず、ローン返済や固定資産税の支払いに影響が出ます。毎月の家賃収入がローン返済額を下回った場合、赤字になるケースもあります。

❷家賃滞納リスク

入居人がいても、家賃の滞納があった場合は、想定した家賃収入が得られません。また、家賃滞納が長期にわたる場合、裁判などの法的な対応が必要になるリスクがあります。

③ 家賃下落リスク

物件購入時は安定した家賃収入を得られていても、築古になると退去が発生するたびに**家賃を下げざるを得ず、収益性が低下するリスク**があります。

④ 物件の価格下落リスク

不動産は実物資産であるため、**築年数の経過とともに資産価値が下落する**傾向にあります。

また、経済情勢や立地条件などにより、物件価格が下落するリスクもあります。

不動産は同じものが二つとないため、個別性の高い資産です。

そのため物件の立地や建物の状態により、価値が大きく変わる可能性があります。価格下落により、**売却時の損失や評価損が発生するリスク**もあります。

⑤ 地震などの自然災害リスク

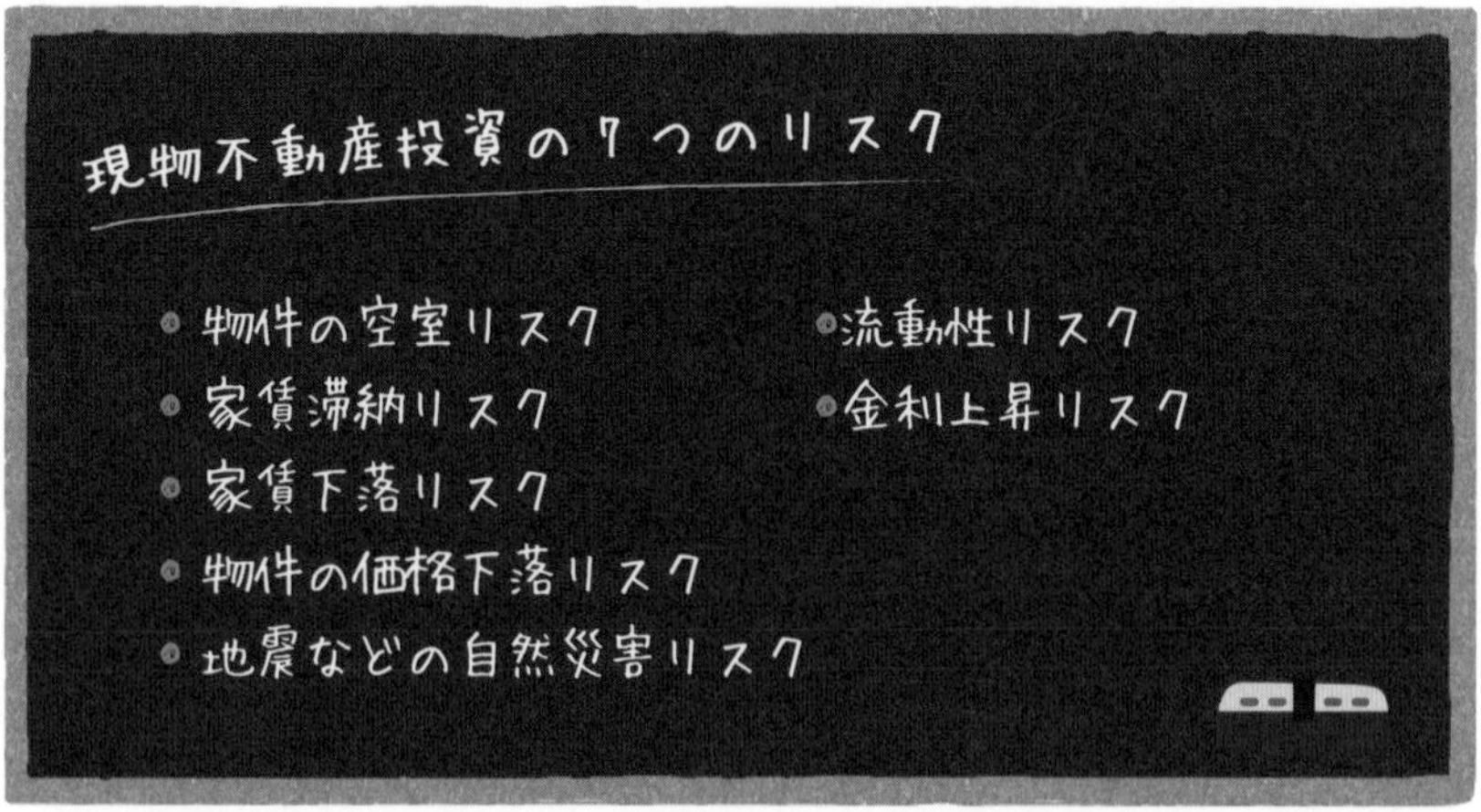
現物不動産投資の7つのリスク
物件の空室リスク
家賃滞納リスク
家賃下落リスク
物件の価格下落リスク
地震などの自然災害リスク
流動性リスク
金利上昇リスク

地震や火事、台風などの**自然災害**により、所有物件の損傷や入居者が退去するリスクです。

これらは保険で一部カバーできますが、全てを補償することは難しく、所有者が多額の修繕費用を負担する場合があります。

❻ 流動性リスク

不動産は上場株式などとは違い、取引所がありません。

基本的には、売りたい人と買いたい人が個別で取引をする**相対《あいたい》取引となるため、好きな時に希望の値段で売却できるとは限りません。**

現金化できるまでに、数ヶ月程度かかるのが一般的です。また、買い手が見つからなければ、さらに時間がかかることや、価格を下げざるを得ない場合があります。

❼ 金利上昇リスク

金融機関からの融資を利用して不動産投資を行う場合は、**金利上昇の影響を受ける**リスクがあります。

一般的に不動産投資ローンは、住宅ローンに比べ金利が高いた

● **不動産投資ローンと住宅ローンの比較**

	不動産投資ローン	住宅ローン
金利	高め	低め
融資の対象	不動産投資物件	マイホーム
返済の原資	家賃収入	個人の収入
必要年収	500万円以上	300万円以上
住宅ローン控除	適用不可	適用可能

め、金利上昇による影響は大きくなります。特に**変動金利**を選択した場合は、市場金利に連動してローンの適用金利が変動します。

このように市場金利が上昇した際には、適応金利も上昇して毎月の返済負担が増える可能性がある点は注意が必要です。

現物不動産投資にチャレンジしたい方も、まずは、REITや不動産クラウドファンディングから始めてみるといいよ！

1時限目

少額から投資可能！ REIT（不動産投資信託）とは？

少額から投資できる
REITがどういうもの
なのか、この章では
基本となる仕組みを
学んでいきましょう！

01 REITの基本を知ろう！

1 米国生まれのREITは日本で58銘柄が上場

REIT《リート》は、Real Estate Investment Trustの頭文字をとったもので、**不動産投資信託**のことを指します。

日本の不動産を投資対象にしたものを、ＪＡＰＡＮの頭文字をとり「**J-REIT**《ジェイリート》」と呼ぶこともあります。

※本書中で「REIT」と表記するときは、注訳がない限り「J-REIT」を指しているものとします。

ＲＥＩＴの仕組みは、１９６０年代にアメリカで誕生し人気を集めました。

日本では２００１年９月に、日本ビルファンド投資法人とジャパンリアルエステイト投資法人の２銘柄が東京証券取引所に新規上場されました。

現在は58銘柄が上場しており、ＲＥＩＴ全銘柄を対象とした「**東証REIT指数**」が算出されています。

日本市場でも20年以上の歴史があるため、安心して投資することができる金融商品のひとつです。

ＲＥＩＴの取引は、現物株式と同様に**金融商品取引所に上場**し、取引の時間中であれば、取引所を通じて**市場価格で自由に売買**することができます。

2 ＲＥＩＴの銘柄名は「投資法人」がつく

上場しているＲＥＩＴの個別銘柄名は、「○○投資法人」と最後に**投資法人**がつく特徴があります。

投資法人とは、主に不動産を取得し運営することを目的とした法人です。

ＲＥＩＴは株式と似た仕組みですが、使用される用語は一部異なり、単位は１口、２口と数え、株式の配当金にあたる利益は**分配金**と呼びます。

● REITと株式投資の違い

	REIT	株式
投資対象	投資法人	株式会社
単位	1口	1株
価格	投資口価格	株価
出資者	投資主	株主
出資者の総会	投資主総会	株主総会
支払われる利益	分配金	配当金
優待	銘柄により投資主優待あり	銘柄により株主優待あり

3 少額から投資ができ、投資後の管理も不要

ＲＥＩＴは、投資法人が複数の投資家から集めた資金で不動産の保有と運用を行い、そこから得られる**賃料（家賃）収入**を原資として投資家に**分配する**仕組みです。

これにより個人投資家は、ＲＥＩＴを購入するだけで、優良な不動産に少額から投資ができるようになっています。

不動産は経験豊かな不動産のプロが運用し、管理や修繕などの業務を行う業者の選定と監視も行うため、**投資後の管理や修繕費用は必要ありません**。

また株式会社の株主と同じく、投資主総会に出席することもできます。

また、銘柄によっては**投資主優待**があり、投資法人が所有するホテルの割引券などがもらえます。

● J-REIT の簡単な仕組み

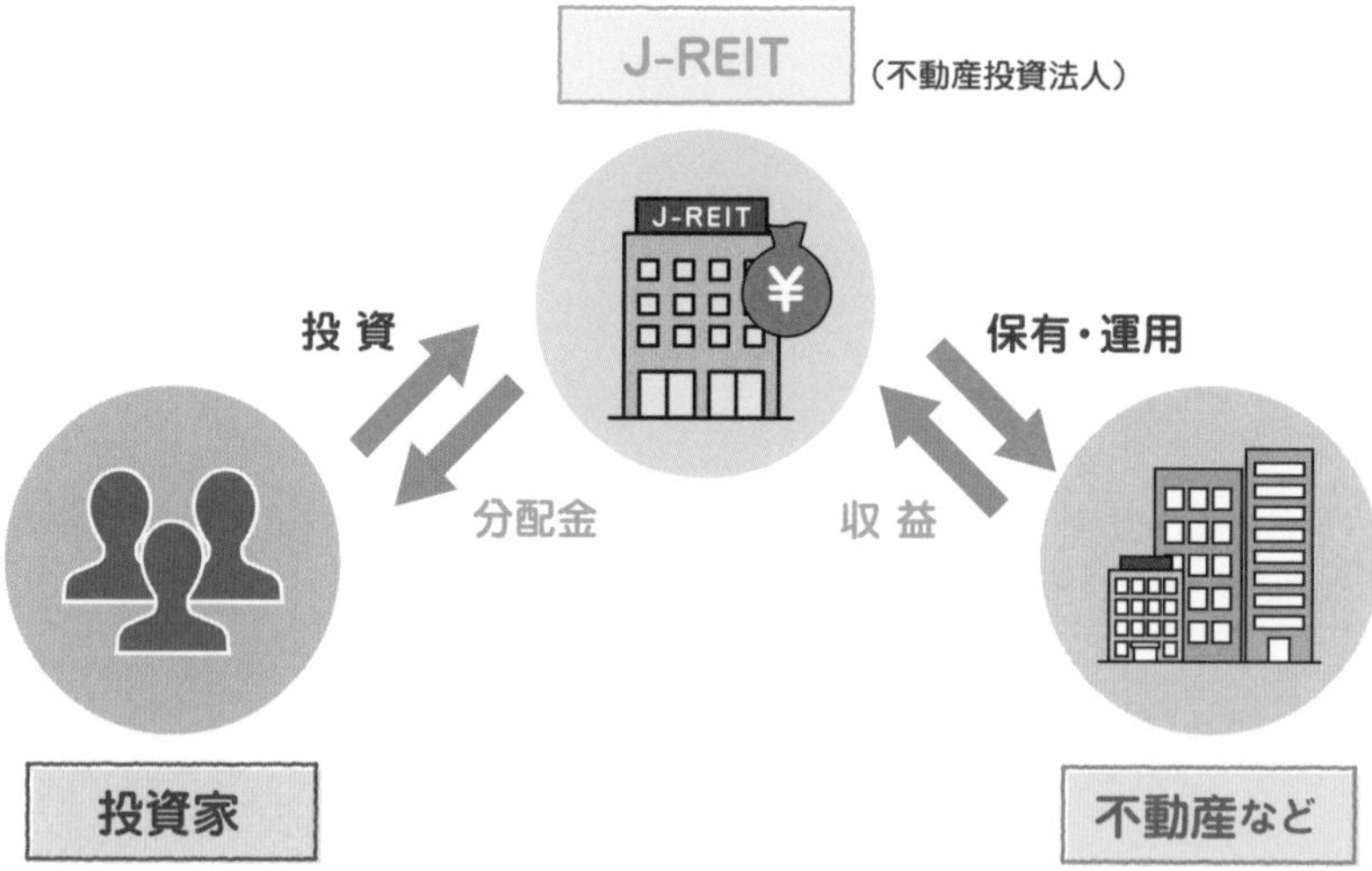

J-REIT
（不動産投資法人）
J-REIT
¥
投資
分配金
保有・運用
収益
投資家
不動産など

02 REITではどの不動産に投資される？

1 REITの投資対象は？

現在、東京証券取引所に上場しているREITは**58銘柄**（2024年2月現在）にのぼり、株式と同じように証券会社を通じて売買することが可能です。

REITの投資対象不動産は、次の**6種類の不動産用途**に分けることができます。

❶ オフィスビル

大型の**オフィスビル**への投資です。景気後退時や働き方に変化があった際には、空室や賃料引き下げなどのリスクがあります。

❷ 住宅

マンションなどの賃貸物件への投資です。景気に左右されにくいメリットがありますが、ほかの用途に比べると**賃料水準は低い**傾向があります。

❸商業施設

都市部や郊外のショッピングモールへの投資です。景気や物価による個人消費の動向に影響を受けやすいリスクがあります。

❹物流施設

倉庫などの物流施設への投資です。テナントと長期契約を結ぶことができ、入れ替えが少ないメリットがあります。その一方で退去された場合、次のテナントを見つけにくいリスクがあります。

❺ホテル

ビジネスホテル、リゾートホテルへの投資です。景気や天候による影響を受けやすいのが特徴です。外国人観光客への依存度が高い物件もあります。

❻ヘルスケア

高齢者向けの住宅や有料老人ホームへの投資です。景気に左右されにくく、収益性が高い傾向があります。ヘルスケア施設に係る法制度の変更や規制強化により、影響を受ける可能性があります。

2 REITには用途で3つのタイプがある

同じ用途の不動産に投資していても、銘柄により不動産のエリアや物件の規模は異なります。投資対象用途により次の３つの型に分類されています。

- 特化型：1つの用途だけに投資する
- 複合型：2種類の用途に投資する
- 総合型：3種類以上の異なる用途に投資する

例えば**オフィスビル特化型**の銘柄は、オフィスビルのみに投資するＲＥＩＴとなります。**複合型**は、ホテルと商業施設、住宅と物流施設など、２つの用途の物件を組み合わせて運用する銘柄です。

総合型は、不動産用途を限定せず、多様な物件に分散投資する銘柄となります。

複合型と総合型は、異なる用途の不動産に分散投資することで、特定の不動産市況に影響を受けにくくなり、リスクを軽減できる点がメリットです。その一方で特化型に比べると期待できる収益は小さくなります。

3 地域に特化したタイプのＲＥＩＴ

特化型の中には、投資する地域を特化する**地域特化型**のＲＥＩＴも存在します。

関西圏への不動産への投資割合が高い**阪急リート投資法人**や、九州圏特化型の**福岡リート投資法人**、静岡を中心に東海道地域への不動産に投資する**東海道リート投資法人**などがあります。

地域特化型のＲＥＩＴは、投資対象地域を集中することで運用コストが削減でき、投資地域の発展に伴い高い収益が期待できるメリットがあります。

一方で、投資対象範囲が小さくなることで、地震などの自然災害リスクの影響が大きくなるデメリットがあります。

このように、投資家はさまざまな種類のＲＥＩＴから自分に合った銘柄を選んで投資することができます。

● 東海道リート投資法人のポートフォリオ

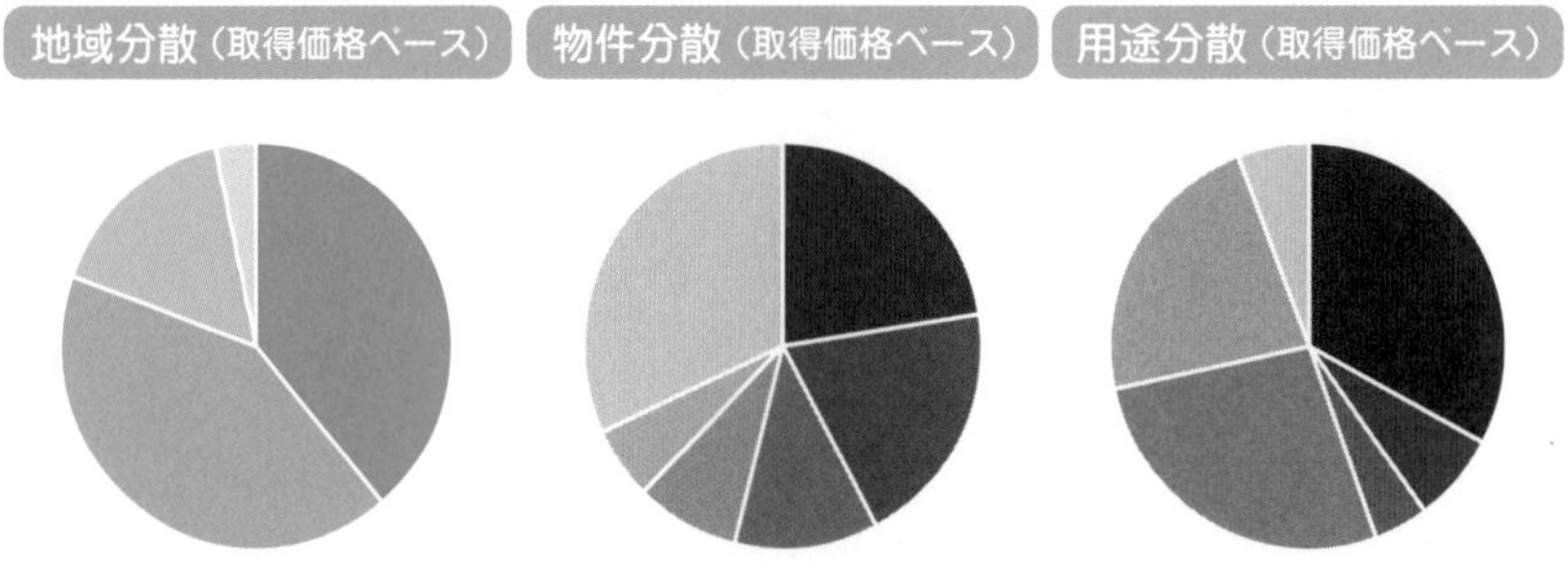

地域分散（取得価格ベース）

- 静岡県…39.1%
- 愛知県…41.6%
- 三重県…16.1%
- 岐阜県……3.2%

物件分散（取得価格ベース）

- 浜松プラザ（底地）……………22.5%
- セントレアロジスティクスセンター……………19.8%
- いなべロジスティクスセンター……………11.8%
- ロイヤルパークス千種………8.3%
- 清水町配送・販売センター……5.8%
- その他……………31.8%

用途分散（取得価格ベース）

- 物流アセット……………32.8%
- 産業・ビジネスアセット……………7.4%
- 底地アセット（産業インフラ型）………4.3%
- 住宅系アセット………27.1%
- 底地アセット（生活圏配送・販売型）‥22.5%
- その他のアセット（生活圏配送・販売型）….5.8%

東海リート投資法人のホームページを参考に筆者作成　https://www.tokaido-reit.co.jp/

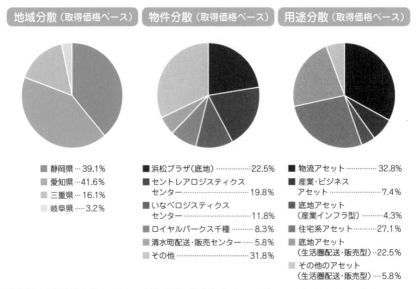

● 主なREIT銘柄

(2024.3.1現在)

証券コード	投資法人名	投資口価格（円）	分配金利回り	時価総額（百万円）	決算期（月）	資産運用型
8951	日本ビルファンド投資法人	581,000	4.22%	988,276	6月、12月	オフィスビル
8952	ジャパンリアルエステイト投資法人	540,000	4.26%	768,347	3月、9月	オフィスビル
8954	オリックス不動産投資法人	156,400	4.75%	431,664	2月、8月	総合型
8956	NTT都市開発リート投資法人	117,900	4.56%	174,732	4月、10月	複合型
8963	インヴィンシブル投資法人	61,200	5.73%	412,312	6月、12月	ホテル
8984	大和ハウスリート投資法人	241,300	4.72%	559,816	2月、8月	総合型
8986	大和証券リビング投資法人	100,000	4.60%	240,689	3月、9月	複合型
3226	日本アコモデーションファンド投資法人	566,000	3.84%	284,965	2月、8月	住宅
3269	アドバンス・レジデンス投資法人	305,000	3.87%	437,065	1月、7月	住宅
3234	森ヒルズリート投資法人	130,200	4.88%	249,506	1月、7月	オフィスビル
3281	ＧＬＰ投資法人	117,400	4.65%	574,994	2月、8月	物流施設
3287	星野リゾート・リート投資法人	551,000	3.16%	140,812	4月、10月	ホテル
3292	イオンリート投資法人	131,200	5.10%	278,663	1月、7月	商業施設
3309	積水ハウス・リート投資法人	74,100	5.09%	324,668	4月、10月	総合型
3455	ヘルスケア＆メディカル投資法人	128,500	5.04%	46,196	1月、7月	ヘルスケア施設
3462	野村不動産マスターファンド投資法人	144,800	4.59%	682,761	2月、8月	総合型
3471	三井不動産ロジスティクスパーク投資法人	426,000	4.25%	259,008	1月、7月	物流施設
3472	日本ホテル＆レジデンシャル投資法人	75,000	4.22%	17,651	5月、11月	ホテル
3476	投資法人みらい	44,050	5.30%	84,023	4月、10月	総合型
3481	三菱地所物流リート投資法人	348,500	4.60%	175,465	2月、8月	物流施設

分配金は、投資口価格3/1終値、2024年分配金（予想値含む）より計算

03 ＲＥＩＴ投資のメリット

1 ＲＥＩＴの魅力は少額から優良な不動産に投資できること

ＲＥＩＴは銘柄によりますが、**5万円ほどから投資が可能です。**

ＲＥＩＴの投資物件の中には、六本木ヒルズ森タワー、大阪のＨＥＰファイブビル、オリエンタルホテル東京ベイ、星のや軽井沢、三井アウトレットパーク入間など、全国的に有名な不動産も数多くあります。

こうした価値のある不動産に個人で直接投資をする場合、数百億から数千億の資金が必要となります。

投資したくても個人では資金面でのハードルが絶望的

ネットの証券会社から手軽に買うこともできます。もちろん、売るのもスマホ1つで完結できます！

に高く、現実的には不可能です。

これがＲＥＩＴのように小口に証券化されることで、少額から投資できるようになり、**個人でも価値の高い優良な物件に投資できる**ようになりました。

自分が有名なビル、憧れのホテルや施設のオーナーになれると考えるとワクワクしませんか？

2 取引所に上場し流動性と透明性が高い

現物の不動産投資では、物件を売買する際には不動産仲介会社を通じて、取引金額や条件等の交渉をしてから契約に至るため、手間と長い時間、専門的な知識が必要になります。

一方、ＲＥＩＴは証券取引所に上場しているため、証券会社に口座を開設していれば株式と同じように取引所の立ち会い時間（月～金の９～15時）に取り引きでき、**いつでも売買が可能**で、すぐに**現金化できる高い換金性**があります。

また、投資法人は上場しているので、詳細な情報開示や決算説明が定められており、個人でも**透明性が高い情報が提供され公平感のある不動産投資**が可能です。

3 高い分配金と値上がり益の両取りができる！

ＲＥＩＴは、**キャピタルゲイン**（値上がりによる売買益）と、**インカムゲイン**（分配金）の両方による利益を得られる投資商品です。

株式と同じようにリアルタイムで価格が変動するため、安いときに買って値上がりした際に売れば、いつでも売却益が得られます。

ほとんどのＲＥＩＴ投資法人は**年2回の決算**を行い、運用に問題がなければ保有する投資家は**年2回の分配金**を受け取ることができます。

投資法人は、収益の90％以上を分配するなどの条件を満たすことで、実質法人税がかからないため、**収益のほとんどを分配金として投資主に支払います。**

4 分配金利回りは3～5％ほど

ＲＥＩＴの個別銘柄の分配金利回りは**3～5％**ほどです。

価格変動があるため、分配金利回りも変動しますが、２０２１年１月から２０２４年１月のＲＥＩＴの銘柄全体の平均**分配金利回りは、3・4～4・8％**で推移しています。

同時期の日本の株式平均配当利回りは、１・６～２・７％で推移しているため、ＲＥＩＴに投資することは**高い利回り**を得られるチャンスといえます。

ＲＥＩＴの分配金と売買益の税金は、**税法上株式と同様の20・315％（所得税15・315％、住民税5％）の課税**となります。

ＲＥＩＴを売却して損失が出た場合は、株式などの売買益や配当金と相殺することができ、相殺できない損失については、確定申告することで3年間繰り越すことが可能です（**繰越控除**）。

ＮＩＳＡ（少額投資非課税制度）口座で保有するＲＥＩＴの分配金は、非課税になります。ただし、他の口座（一般口座や特定口座）との損益通算や繰越控除をすることはできません。

5 もらってうれしい分配金　どうすれば受け取れる？

分配金の権利を得るには、各投資法人の**決算期末（権利確定日）の投資主名簿に名前が記載されていること**が要件になります。

ＲＥＩＴ個別銘柄の決算日（決算日が休日の場合は直前の営業日）を含めて、**3営業日前まで**に投資口を購入して保有する必要があります。この日を**権利付最終取引日**といいます。

分配金は、投資法人の決算期から3ヶ月以内に、投資口数に応じて支払われます。

各期末にＲＥＩＴの投資主名簿に記載があった人には、**分配金支払通知書**が送付されます。

この通知書を、投資法人指定の金融機関や郵便局に持ち込み現金で受け取る方法と、指定しておいた銀行口座で受け取る方法、証券会社の取引口座で受け取る方法があります。

6 REITはインフレに強い！

最近は物価の高騰（インフレ）が大きな話題になっていますが、**不動産の価値や家賃は物価に連動する**傾向があります。

REITでも不動産価格上昇による資産価値の拡大や、賃料収入の増加による分配金の上昇を期待することができます。

また為替相場が円安の状況は、外国人投資家にとって、日本の不動産は相対的に割安だと判断できる材料となり、投資資金が日本の不動産やREITに向かう可能性があります。

REITはインフレや円安の時にも有効な投資手法と考えることができ、株式投資などに分散投資することで、**リスクを分散**させる効果があります。

● 物価と金利の変動とREIT価格の関連性

物価	上昇⬆	家賃、不動産価格上昇⬆	REIT価格上昇⬆
	下落⬇	家賃、不動産価格下落⬇	REIT価格下落⬇
金利	上昇⬆	借入金の利息支払い増加⬆	REIT価格下落⬇
	下落⬇	借入金の利息支払い減少⬇	REIT価格上昇⬆

04 REITのリスクは何があるの？

REITは株式投資や商品投資などと同様に、**投資元本は保証されていません。**預貯金などの一部の金融商品を除き、元本を保証して資金を集めることは出資法により禁止されています。

1 REITの6つのリスク

❶価格変動リスク

市場の需給バランス、経済状況や不動産市況などにより、購入したREITの価格が下落し、**購入価格より低い価格で売却した場合、損失になる**ことがあります。

❷金利変動リスク

REITは複数の投資家から調達した資金のほかに、金融機関からの借り入れにより不動産を購入・管理しています。この借入金が多い場合、**金利上昇による利息の負担**が大きくなり、**分配**

金が減少するリスクがあります。

❸流動性リスク

ＲＥＩＴは証券取引所で取引されており、買い手と売り手の需給がマッチすると売買が成立します。売買の対象となる投資家が少ないときや、市場全体の出来高が少ない場合、希望する価格での売買ができないリスクがあります。

❹信用リスク

ＲＥＩＴが投資する不動産のテナントが破綻するなど家賃を支払えない状態になると、ＲＥＩＴの収益に影響を及ぼします。また投資法人の倒産やＲＥＩＴ同士のＭ＆Ａにより上場廃止になるリスクがあります（東京証券取引所の定める上場廃止基準に抵触した場合）。

仮に投資法人が破綻すると買い手がつかなくなり価格が暴落します。ただし、不動産の価値は、株式の銘柄のようにゼロになることはなく、投資した資金が戻ってくる可能性もあります。

❺分配金減少リスク

ＲＥＩＴは不動産の賃料収入を主な分配原資としているため、経済状況などの外部要因に影響を受けます。不動産の運用状況により分配金が減少する可能性があります。

❻自然災害リスク

ＲＥＩＴが保有する不動産が地震や火災、事故などにより損害を受けると、想定通りの運用ができなくなることや、修繕費用が発生する可能性があります。

これに伴い、投資口価格が下落したり分配金が減少するリスクがあります。

2 分散投資でリスクも分散できる

このようなリスクを低減するためには、1つの銘柄に集中して資金を投じるのではなく、**少額から複数の銘柄に分散投資する**ことでリスクも分散することができます。

投資全体の資産配分（アセット・アロケーション）を考え、ＲＥＩＴだけでなく、株式の個別銘柄、投資信託、債券などにも分散して投資する計画を立てましょう。

自分の投資目標や投資スタイル、リスク許容度を理解し、計画性を持って中長期目線で投資することが大切です。

Episode 1

投資とメンタルの関係性とは？

投資スキルを磨くだけでなく、自分の性格や感情的な反応を正確に理解することも大切なリスクマネジメントになります。

人の意見を鵜呑みにしない

最近はインターネットを通じて、投資の情報が簡単に入手できるようになりましたが、信用できない情報や虚偽情報もあり、情報の質はピンからキリまでです。

特に、買い煽りや売り煽りと言われるポジショントークには注意が必要です。

「有名な人と同じように取引すれば儲かる」などと考え、他人の意見に流されて行うトレードはリスクが高く、思わぬ大きな損失を被る可能性があります。

投資は自己責任の世界なので、他人は責任を取ってくれません。

思い込みが強い取引は NG

投資家が、自分の思い込みや感情に基づいて投資をすることはよくあることです。

例えば、株価が急騰し話題になっている銘柄に、すぐに飛びついて購入してしまうケースがあります。これは「この絶好の機会を逃したくない」という感情に基づくもので、知らず知らずのうちに過剰なリスクを取ってしまうことがあります。

熱くなってトレードした場合、損失になってもなかなか受け入れられず、損切が遅れてしまう原因になります。投資では失敗を受け入れることも必要です。

最も危険な取引は、すぐに損失を取り戻そうとするトレード

人は一度得たお金を失うことに、強い拒否反応を示す傾向があります。

投資家が損失を出してしまった場合、その損失を取り戻すために、普段では行わない無理な取引を行うことがあります。

例えば、損失をすぐに取り戻したいと思い、大きなリスクを取って、自身のリスク許容度を超える大きなポジションを取ってしまうことがあります。

私も何回か経験がありますが、このような取引になると、さらに損失を招く可能性が高くなります。損失を受け入れ、時間をかけて次の戦略を練った方が賢明です。

投資におけるメンタルマネジメントとは

投資中には想定外の出来事が起こることもあります。

たった1回の失敗でクヨクヨせず、前を向いて投資経験を積むことで、成功する確率も上がってきます。重要なことは、投資をし続けることです。

たとえ失敗しても、失敗を受け入れてなぜ失敗したかを検証し、投資手法をブラッシュアップし、次に成功すれば、この失敗は失敗ではなくなります。

2時限目

REITへの投資方法と選び方のポイント

どうやって、REITに投資するかをマスターして、銘柄の選び方も学んでいきましょう。

01 ＲＥＩＴへの投資方法は？

1 ＲＥＩＴへの投資方法は3つ

ＲＥＩＴに投資するには３つの方法があります。

- ＲＥＩＴの個別銘柄に投資する
- ＲＥＩＴのＥＴＦ（上場投資信託）へ間接的に投資する
- ＲＥＩＴを対象とした投資信託を購入して間接的に投資する

ＲＥＩＴの投資法人が保有する特定の不動産物件に投資したい場合は、ＲＥＩＴの個別銘柄を購入し、ＲＥＩＴ全体に投資したいのであれば、ＥＴＦ（上場投資信託）か投資信託を購入することで効率的に投資ができます。

2 REITの個別銘柄を購入する

REITの個別銘柄は、東京証券取引所に58銘柄（2024年3月現在）が上場されており、株式と同じように売買が可能です。

銘柄により分配利回り、投資対象不動産と不動産用途が異なるため、投資家は自分に合った銘柄を選択することができます。

資金に余裕がある場合は、複数のREIT個別銘柄を組み合わせて購入することでリスクの分散が期待できます。

3 REITのETFを購入する

ETFとは、Exchange Traded Fundの頭文字を取ったもので、上場投資信託とも呼ばれています。

ETFは、株式や債券、REITなどの複数の資産を1つの投資信託にまとめた投資商品のひとつです。

● REITへの投資方法比較

	直接投資	間接投資	
	REIT個別銘柄	REITのETF	REITの投資信託
上場	○	○	×
購入方法	証券会社	証券会社	証券会社・銀行などの金融機関
最低必要投資額	5万円ほど〜	数千円〜	数百円〜
価格変動	取引時間中はリアルタイム	取引時間中はリアルタイム	1日1回
手数料	売買手数料（証券会社により異なる）	売買手数料＋信託報酬	売買手数料＋信託報酬

一般的な投資信託とは違い、**東京証券取引所に上場している投資信託**で、通常の株式と同じように売買できることが特徴です。

現在、**国内のREITを対象としたETFは22銘柄が上場**されています。

ETFは個別銘柄や投資信託と同じく、分配金をもらえる仕組みがあります。

ETFには決算を行う**決算日**があり、この間の運用損益等が計算されます。運用状況に応じて**分配金**の金額が決まります。

この決算日が年4回あれば、分配金は1年間に4回もらえます。銘柄により決算の回数は異なり、年2～6回ほど分配されます。

REITのETFは、**東証REIT指数**などの指数と連動することをめざす運用をしています。これは、REIT全体に投資することになるので、個別銘柄の価格の影響を受けにくくなります。

さらに、ETFは上場しているので、株式市場

● REIT指数連動型ETF（東証）(2024.3.1現在)

証券コード	名称	最低売買代金（円）	純資産総額（百万円）	売買単位（口）	分配金
1343	NEXT FUNDS 東証REIT指数連動型上場投信	18,255	457,520	10	年4回
1345	上場インデックスファンドJリート（東証REIT指数）隔月分配型	172,850	158,998	100	年6回
1398	SMDAM 東証REIT指数上場投信	17,555	110,816	10	年4回
1476	iシェアーズ・コア Jリート ETF	1,751	328,268	1	年4回
1488	iFreeETF 東証REIT指数	17,420	195,861	10	年4回
1595	NZAM 上場投信 東証REIT指数	17.370	188,440	10	年4回
1597	MAXIS Jリート上場投信	17,570	190,695	10	年4回

の取引時間中は、リアルタイムに刻々と価格が変動します。現在の価格が把握しやすいメリットはありますが、一方で、価格変動に一喜一憂してしまう場面も考えられます。

ETFは投資信託に比べて、投資後の管理コストである**信託報酬**が比較的低く設定されているという特徴もあります。

4 REITの投資信託を購入する

REITの投資信託とは、複数のREITをパッケージにした投資商品です。

証券会社や銀行などの金融機関で購入でき、**100円の少額から1円単位で投資**できる商品が多く、**低い投資額で購入可能**です。一方、ETFは売買単位が決められており、最低売買代金が高額になります。

REITの投資信託を1口購入すると、複数のREITに投資するのと同じ**分散投資の効果が期待**できます。投資信託によっては、日本だけでなく海外のREITへの投資も組み入れている商品もあります。

ETFは購入時に自動積立の設定がありませんが、投資信託は、**自動積立の設定ができる**ので、毎月の投資金額を決めればあとは自動的に積立を

東証REIT指数とは？

東京証券取引所に上場している、REITの全銘柄を対象として算出されている指数。REIT全体の動きを表す指数で、株式のTOPIX（東証株価指数）に近い。

してくれます。

信託手数料はＥＴＦに比べ、比較的高価になる場合があり、投資後のコストも含めて、投資判断する必要があります。

分配金は、投資信託の種類により受け取るタイミングが異なります。

年１～４回、隔月、毎月など複数のパターンがあり、自分の投資スタイルに合う種類を選ぶことができます。

投資信託の分配金コースには、分配金を現金で受け取る**分配金受取型**と、分配金を受け取る代わりに自動的に同じファンドを追加購入する**分配金再投資型**があります。

分配金はもらってさまざまな用途に使うことができますが、分配されるごとに投資信託の運用資産が減少して複利効果がなくなり、運用効率は下がってしまう点は注意が必要です。

● **REIT を対象とした主な投資信託一覧 (2024.3.1 現在)**

ファンド名	基準価額（円）	管理費用	純資産（百万円）
J-REIT・リサーチ・オープン（年２回決算型）	17,565	1.10%	59,161
三菱UFJJリートオープン(3ヵ月決算型)	2,896	1.10%	51,985
SMTJ-REITインデックス・オープン	18,294	0.44%	34,149
DIAMストラテジックJ-REITファンド	13,490	1.045%	24,925
eMAXISSlim 国内リートインデックス	8,891	0.187%	160,270
たわらノーロード　国内リート	13,013	0.275%	131,220
野村Ｊリートファンド	17,865	1.10%	9,966

02 REITはこの視点から選びましょう

1 REITの選び方のポイント

REITの基礎知識と投資方法などについて解説してきましたが、これだけさまざまな種類があると、どのREITに投資すれば良いのか迷う人も多いと思います。

REITの最適な選び方は、投資目的や資金計画により異なりますが、自身の**投資判断の基準**を持つことが大切です。

ここからは、REITの選び方のポイントについて、選ぶ項目ごとに解説していきます。

2 分配金利回りで選ぶ

REITの大きな魅力は、**安定した分配金**がもらえることです。

REITに限らず投資全般において、利回りは投資を判断する重要な要素の1つになっています。

株式投資の個別銘柄を配当利回りの推移を見て売買する投資家も多いと思います。

分配金利回りは、**「予想年間分配金」÷「現在の投資口価格」**で算出されます。

例えば、予想年間分配金が1万2000円の銘柄の投資口価格が現在1口30万円の場合、分配金利回りは、

1万2000円 ÷ 30万円 ＝ 4.0％

となります（投資口価格と予想分配金は変動するため、予想利回りも変動します）。

高分配の目安は4％

一般的に、分配金利回りは4％を超える

● 分配金利回りの高いREIT一覧（2024.3.1現在）

証券コード	投資法人	投資口価格（円）	分配金利回り	時価総額（百万円）	主な運用不動産
2971	エスコンジャパンリート投資法人	114,500	5.55%	40,300	複合型
2989	東海道リート投資法人	122,700	5.38%	34,160	総合型
3249	産業ファンド投資法人	126,100	5.41%	318,166	複合型
3296	日本リート投資法人	327,000	5.35%	147,127	総合型
3451	トーセイ・リート投資法人	137,100	5.33%	51,612	総合型
3468	スターアジア不動産投資法人	54,900	5.54%	130,223	総合型
3470	マリモ地方創生リート投資法人	120,000	5.44%	28,467	総合型
3488	ザイマックス・リート投資法人	113,400	5.47%	28,310	総合型
3492	タカラレーベン不動産投資法人	94,300	5.70%	65,193	総合型
8963	インヴィンシブル投資法人	61,200	5.73%	412,312	ホテル

と高いといわれます。

他の銘柄と比較して、高利回りなREIT銘柄は魅力的な投資対象ですが、投資においては**リスクとリターンは比例**していると考えるべきです。基本的にローリスク・ハイリターンな都合のいい投資はありません。

分配金利回りが高い銘柄のここに注意

分配金利回りが高い銘柄は、不動産の売却利益により一時的に分配金が増え、分配金利回りが高くなっている可能性もあります。

これを判断するには、**過去の分配金推移**を確認することが大切です。

また、**高利回り銘柄は価格変動率も高い**傾向があり、分配金利回りを超える下落があった際には、損失になる場合もあり注意が必要です。

高い利回りだけを見て投資判断することは、リスクの高い取引になる可能性があります。

直近の投資口価格の変動状況や過去の分配金の推移を

● **星野リゾート・リート投資法人のチャート**

出典：TradingView（https://jp.tradingview.com/）

確認し、なぜ現在の利回りになっているかを理解した上で、総合的に判断することが大切です。

ＲＥＩＴの分配金の受け取りを目的とした、インカムゲイン型の守りの投資で活用する場合、**投資口価格の変動が少ない銘柄を選ぶ方が安定性**があります。

価格変動による売買差益を積極的に取っていくキャピタルゲイン型の攻めの投資は、投資経験とスキルが必要となり、ここでは分けて考えた方が良いでしょう。

過去のチャートや分配金推移を見て、現在の年間分配金総額を超える大きな変動が頻繁にある銘柄には、注意が必要です（下図参照）。

3 投資対象の不動産で選ぶ

ＲＥＩＴの個別銘柄は、さまざまな投資対象不動産と不動産用途があります。各投資法人が所有する**不動産の種類**は必ず確認するようにしましょう。

特に特化型ＲＥＩＴの場合、投資対象不動産の**物件内容、築**

● 星野リゾート・リート投資法人の分配金の推移

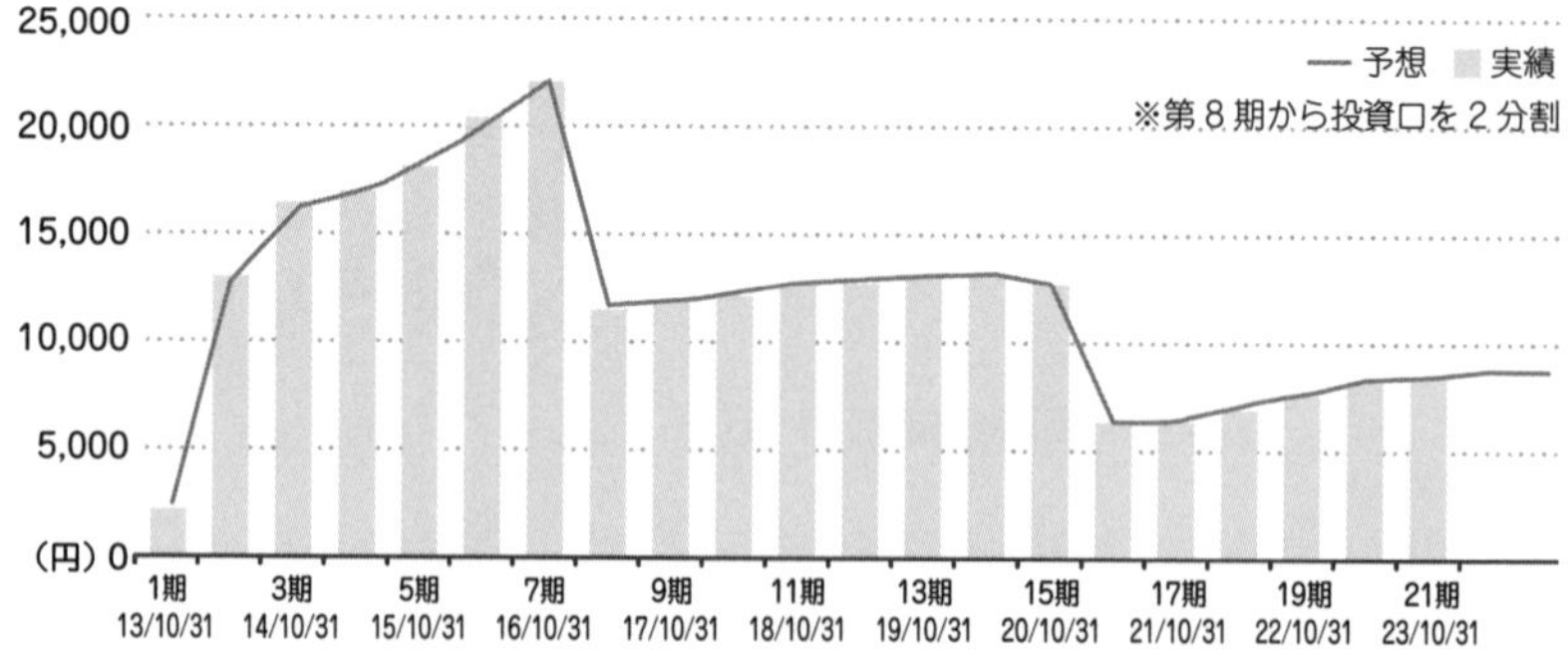

出典：JAPAN-REIT.COM（http://www.japan-reit.com/meigara/3287/dividend/）

年数、地域、稼働率によって収益が大きく左右されます。

物件内容

オフィスビル特化型やホテル特化型は、コロナウイルスの拡大による行動制限や働き方の変化による影響を大きく受けたことは記憶に新しいです。

REITが所有する物件がどういう施設かを必ず確認しましょう。

投資中には予期せぬ事態が起こることもあり、これを軽減するためにはリスクの分散も重要です。

位置する地域

対象不動産が位置する地域に関しては、地域分散されている方がリスク分散は期待できますが、特定の地域に集中していることで運用上のメリットもあります。不動産の位置する地域が狭くなると管理が容易になりコスト削減につながるため、分配金へ還元される期待が持てます。

一方で、自然災害が起こった際の影響は大きくなってしまいます。

REIT個別銘柄が保有する不動産は築年数、用途や地域がさまざまで、それぞれメリットとデメリットが存在します。

特化型と総合型、地域分散銘柄と地域集中銘柄を組み合わせて投資することで、メリットを最大化しリスクを軽減することができます。

●【オフィス】REIT 銘柄一覧 (2024.3.1 現在)

証券コード	投資法人	投資口価格(円)	分配金利回り	時価総額(百万円)
3234	森ヒルズリート投資法人	130,200	4.88%	249,506
3290	Oneリート投資法人	251,200	5.17%	67,439
8951	日本ビルファンド投資法人	581,000	4.22%	988,276
8952	ジャパンリアルエステイト投資法人	540,000	4.26%	768,347
8958	グローバル・ワン不動産投資法人	106,400	5.04%	108,829
8975	いちごオフィスリート投資法人	78,100	5.21%	118,194
8976	大和証券オフィス投資法人※	582,000	4.71%	278,346
8987	ジャパンエクセレント投資法人	117,700	4.55%	157,435

※ 2024年5月31日を基準日として投資口1口につき2口の割合で投資口分割を予定しており、1口当たりの分配金は分割を考慮した数値となっているため、調整して計算しています。

●【レジデンス】REIT 銘柄一覧 (2024.3.1 現在)

証券コード	投資法人	投資口価格(円)	分配金利回り	時価総額(百万円)
3226	日本アコモデーションファンド投資法人	566,000	3.84%	284,965
3269	アドバンス・レジデンス投資法人	305,000	3.87%	437,065
3282	コンフォリア・レジデンシャル投資法人	282,400	4.01%	214,015
3459	サムティ・レジデンシャル投資法人	100,900	5.38%	84,627
8979	スターツプロシード投資法人	191,000	5.37%	53,953

●【ヘルスケア】REIT 銘柄一覧 (2024.3.1 現在)

証券コード	投資法人	投資口価格(円)	分配金利回り	時価総額(百万円)
3455	ヘルスケア＆メディカル投資法人	128,500	5.04%	46,196

●【商業施設】REIT 銘柄一覧 (2024.3.1 現在)

証券コード	投資法人	投資口価格(円)	分配金利回り	時価総額(百万円)
3292	イオンリート投資法人	131,200	5.10%	278,663
8964	フロンティア不動産投資法人	425,500	5.12%	230,196

●【ホテル】REIT 銘柄一覧 (2024.3.1 現在)

証券コード	投資法人	投資口価格(円)	分配金利回り	時価総額(百万円)
3287	星野リゾート・リート投資法人	551,000	3.16%	140,812
3463	いちごホテルリート投資法人	106,000	5.47%	34,714
3472	日本ホテル＆レジデンシャル投資法人	75,000	4.22%	17,651
8963	インヴィンシブル投資法人	61,200	5.73%	412,312
8985	ジャパン・ホテル・リート投資法人	71,700	5.19%	332,473

●【物流施設】REIT 銘柄一覧 (2024.3.1 現在)

証券コード	投資法人	投資口価格(円)	分配金利回り	時価総額(百万円)
2979	SOSiLA物流リート投資法人	112,700	4.91%	81,989
3281	ＧＬＰ投資法人	117,400	4.65%	574,994
3283	日本プロロジスリート投資法人	248,200	4.10%	704,615
3466	ラサールロジポート投資法人	141,600	5.17%	264,509
3471	三井不動産ロジスティクスパーク投資法人	426,000	4.25%	259,008
3481	三菱地所物流リート投資法人	348,500	4.60%	175,465
3487	CREロジスティクスファンド投資法人	139,700	5.21%	87,690
3493	アドバンス・ロジスティクス投資法人	116,000	4.88%	78,230
8967	日本ロジスティクスファンド投資法人	256,800	4.10%	239,004

4 格付け評価で選ぶ

格付けとは、REITがデフォルト（債務不履行）になる可能性を第三者の法人が評価したものです。REITの格付けは主に、JCR日本格付研究所とR&I格付投資情報センターにより評価されています。

各国の債券や社債と同じく、**信用度の高さをAAA～Cで表しています。**

AAからCCCについて、上位格に近いものに＋、下位格に近いものに－の表示をすることがあります。AA以上の銘柄は、日本銀行の買い入れ対象なっており、一般的に信頼性が高いと判断されています。

日銀のREIT買い入れ方針は変更に

● **格付けについて**

	格付け	評価	信用力
投資適格	AAA	信用力は最も高く、多くの優れた要素がある	高い
投資適格	AA	信用力は極めて高く、優れた要素がある	↕
投資適格	A	信用力は高く、部分的に優れた要素がある	
投資適格	BBB	信用力は十分であるが、将来環境が大きく変化する場合、注意すべき要素がある	
投機的水準	BB	信用力は当面問題ないが、将来環境が変化する場合、十分注意すべき要素がある	
投機的水準	B	信用力に問題があり、絶えず注意すべき要素がある	
投機的水準	CCC	債務不履行に陥っているか、またはその懸念が強い。債務不履行に陥った債権は回収が十分には見込めない可能性がある	
投機的水準	CC	債務不履行に陥っているか、またはその懸念が極めて強い。債務不履行に陥った債券は回収がある程度にしか見込めない可能性がある	
投機的水準	C	債務不履行に陥っており、債権の回収もほとんど見込めない	低い

なる可能性もありますが、格付け表の投資適格の中でも、AAA～Aまでの銘柄を検討することで、リスクを抑えた投資ができます。

● 日本銀行のREIT買入れ条件

- **信用格付けAA格相当以上であること**
- **証券取引所で売買された日数が年間200日以上あり、年間の売買の累計額が200億円以上あること**

格付け機関は第三者目線で投資法人の財務状況と運用状況を評価しており、格付けの評価が高いほど信頼して投資できるREIT銘柄と考えることができます。

● REIT 個別銘柄 格付け (2024.3.1 現在)

証券コード	投資法人	格付(JCR)
3283	日本プロロジスリート投資法人	AA+
8951	日本ビルファンド投資法人	AA+
8952	ジャパンリアルエステイト投資法人	AA+
3249	産業ファンド投資法人	AA
3462	野村不動産マスターファンド投資法人	AA
3269	アドバンス・レジデンス投資法人	AA
3279	アクティビア・プロパティーズ投資法人	AA
3281	GLP投資法人	AA
3282	コンフォリア・レジデンシャル投資法人	AA
3292	イオンリート投資法人	AA
3309	積水ハウス・リート投資法人	AA
8953	日本都市ファンド投資法人	AA
8954	オリックス不動産投資法人	AA
8955	日本プライムリアルティ投資法人	AA
8956	NTT都市開発リート投資法人	AA
8967	日本ロジスティクスファンド投資法人	AA
8972	KDX不動産投資法人	AA
8976	大和証券オフィス投資法人	AA
8984	大和ハウスリート投資法人	AA

また格付けが高い銘柄は信用力が向上し、銀行などの金融機関から低い金利で借入れが可能となり、資金調達コスト削減につながります。

各投資法人は、市場からの資金調達と借入金により不動産を購入しているため、**金利**は重要な要素となります。

格付けは定期的に見直され、格上げや格下げがあるため、投資口価格にも影響を与えます。定期的に確認するようにしましょう。

5 時価総額やNAV倍率などの指標で選ぶ

REITの規模がわかる時価総額

REIT個別銘柄の時価総額は次の式で算出され、銘柄の規模を表す指標です。

投資口価格 × 発行済投資口数

時価総額が大きい銘柄は、**収益性と成長性から安定した運用が期待**されます。

また、社会的評価や注目度が高くなり、国内外の投資家や資産運用会社から**資金が流入**しやすくなります。

時価総額が大きいほど、そのREIT銘柄に投資している人が多くなり**流動性が高く**なります。流動性とは、市場において売り買いのしやすさを指します。

流動性が高くなると、市場で売買される量を指す出来高が多くなり、変動幅が小さくなる傾向があるため、価格変動リスクが低くなります。

割安REITはNAV倍率で

NAV《ナブ》(Net Asset Value)倍率とは、REITの価格が**割安か割高かを判断するための指標**です。

NAVとは、投資信託やREITの純資産総額のことで、貸借対照表の資産から負債を引いたものです。

保有不動産の時価から借入金や投資法人債などを引くことで求めることができます。

●【時価総額が大きい】REIT銘柄一覧(2024.3.1現在)

証券コード	投資法人	投資口価格(円)	分配金利回り	時価総額(百万円)	資産運用型
3269	アドバンス・レジデンス投資法人	305,000	3.87%	437,065	住宅
3281	GLP投資法人	117,400	4.65%	574,994	物流施設
3283	日本プロロジスリート投資法人	248,200	4.10%	704,615	物流施設
3462	野村不動産マスターファンド投資法人	144,800	4.59%	682,761	総合型
8951	日本ビルファンド投資法人	581,000	4.22%	988,276	オフィス
8952	ジャパンリアルエステイト投資法人	540,000	4.26%	768,347	オフィス
8953	日本都市ファンド投資法人	87,900	5.14%	614,341	総合型
8960	ユナイテッド・アーバン投資法人	141,800	4.94%	439,380	総合型
8972	KDX不動産投資法人	149,000	5.10%	617,292	総合型
8984	大和ハウスリート投資法人	241,300	4.72%	559,816	総合型

ＲＥＩＴでは投資基準として、発行済の投資口数で割って求めた一口あたりのＮＡＶを決算説明書に載せている場合もあります。

ＮＡＶ倍率は、次の式で算出されます。

投資口価格　÷　一口あたりのＮＡＶ（一口あたりの純資産）

株式のＰＢＲ（株価純資産倍率）に似た指標で、ＮＡＶ倍率が**１・０倍以下であれば割安**と判断される傾向にあります。

東京証券取引所は、２０２３年３月にＰＢＲ１・０倍割れの上場企業に対し改善策を要望しました。

この改善要請により、国内外の投資家に株価上昇の期待感が生まれ、ＰＢＲ１・０倍割れの銘柄へ資金が流入しました。

今後、ＲＥＩＴのＮＡＶ倍率１・０倍割れ銘柄が、多くの投資家に買われる可能性もあります。東京証券取引所の改善策要請のマーケットへの影響は大きく、今後、出遅れている銘柄が注目される場面が考えられます。

ＮＯＩで不動産の収益性を見よう

ＮＯＩ《エヌオーアイ》（Net Operating Income）とは、日本語では**営業純利益**と訳されます。

不動産収入から各種経費を差し引いた**本業での現金収支（営業キャッシュフロー）**を意味しており、簡単にいうと不動産の収益額を示す指標です。

NOIは、次の式で算出されます。

年間賃料収入 － 経費（税・管理費）＋ 減価償却費や支払利息

不動産賃貸事業の運用利回りの基準となる指標として、**NOI利回り**があります。NOI利回りは収益性を表す指標で、高いほど収益力が高い物件で、より効率的な不動産運用ができていると判断できます。

NOI利回りは、次の式で算出されます。

年間のNOI（営業純収益）÷ 不動産価格

NOI利回りが高い銘柄は収益率も高く、投資家への分配も多くなる期待があると考えればよいでしょう。

6 お得な投資主優待で選ぶ

株式の株主優待と同じように、ＲＥＩＴも**投資主優待**を実施している投資法人があります。優待内容は、各投資法人が保有するホテルや施設などの割引券が中心です。

優待内容だけで選ぶものではないですが、ＲＥＩＴにも優待があることはあまり知られていないお得な情報になります。投資法人の施設を利用することで、保有する銘柄をより応援したい気持ちになるかもしれません。

投資主優待の対象は、分配金と同じく各ＲＥＩＴ銘柄の決算期において、投資法人の投資主名簿に記載された投資主となります。ＲＥＩＴ個別銘柄の決算日（決算日が休日の場合は直前の営業日）を含めて、**３営業日前までに投資口を購入して保有する必要**があります。

● 投資主優待を実施するREIT銘柄一覧

証券コード	銘柄名	権利確定月	主な投資先	優待概要
3455	ヘルスケア&メディカル投資法人	1月・7月	ヘルスケア施設、医療施設	自社施設割引など
3463	いちごホテルリート投資法人	1月・7月	ホテル	自社ホテル宿泊割引、抽選でJリーグ観戦チケット
3476	投資法人みらい	4月・10月	オフィス、商業施設、ホテル、住居	自社ホテル宿泊割引
8963	インヴィンシブル投資法人	6月・12月	ホテル、住居	自社ホテル宿泊割引
8975	いちごオフィスリート投資法人	4月・10月	オフィス	抽選でJリーグ観戦チケット
8986	大和証券リビング投資法人	3月・9月	住居、ヘルスケア施設	自社施設入居金割引など

※優待内容は2024年3月の調査時点

投資主優待は、1口以上の保有で受けられる銘柄や、10口以上の保有など保有口数の条件がある銘柄もあります。

株式の株主優待と同じく、優待内容・条件の変更や廃止もあるため、各投資法人のIR情報を確認しましょう。REITのETFや投資信託には投資主優待制度はありません。

7 REITの銘柄選定基準と組み合わせ例

REITの分配金の主な原資は、不動産の入居者（テナント）からの**賃料収入**です。この賃料収入が安定している銘柄は、分配金の安定化にもつながるため、賃料の変動が少ない不動産用途の銘柄に投資することが重要だと言えます。

私が考える不動産用途別の賃料の安定性は、次の通りです。

住宅（マンション）＞物流施設＞オフィス＞ホテル＞商業施設

住宅の家賃は、景気動向に左右されにくく、不動産価格の下落時にもすぐに連動しない傾向があります。

住宅は生活に必要なものです。家賃が下落傾向にあっても、一定以下には下がらない**下方硬直性**があります。

コロナウイルス感染拡大期には、商業施設やホテル、オフィスの賃料は大幅に下落したことは記憶に新しいですが、住宅の賃料には大きな影響はありませんでした。

物流施設は、eコマースの成長とともに賃料収入の安定性が強くなっています。ECの市場規模は今後も拡大が予想されています。

また物流施設は、オフィスや商業施設に比べて管理費が安く、テナントとの契約期間が長いことが特徴で、この点も賃料収入の安定性に繋がっています。

このような理由から、**住宅と物流施設に特化している銘柄**は、REITの中でも**ディフェンシブ**と考えることができます。

実際に、住宅と物流施設のREIT銘柄の投資口価格は比較的変動率が低い傾向があります。

REIT投資を始める際は、住宅や物流施設を運用する銘柄から始め、様子を見ながら他の不動産用途に対象を広げていく手法がおすすめです。

例えば、50万円以内でREIT投資を始める場合、**住宅特化型と物流施設特化型の2銘柄を組み合わせる**と、比較的リスクを抑えた投資が行えます。

●【住宅特化型】と【物流特化型】の組み合わせ例 (2024.3.1 現在)

証券コード	投資法人	投資口価格（円）	分配金利回り	資産運用型
3269	アドバンス・レジデンス投資法人	305,000	3.87%	住宅
3281	GLP投資法人	117,400	4.65%	物流施設

● アドバンス・レジデンス投資法人　分配金推移

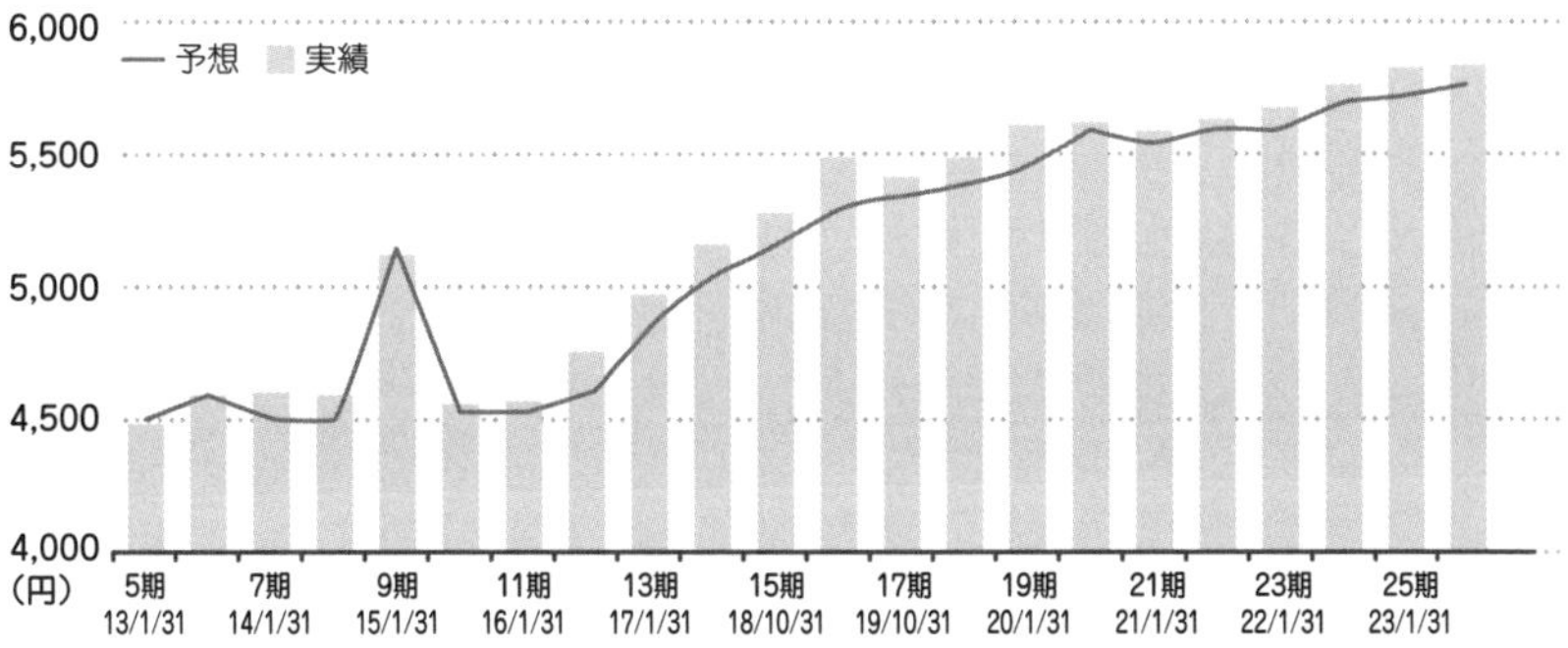

出典：https://www.japan-reit.com/meigara/3269/dividend/

● GLP 投資法人　分配金推移

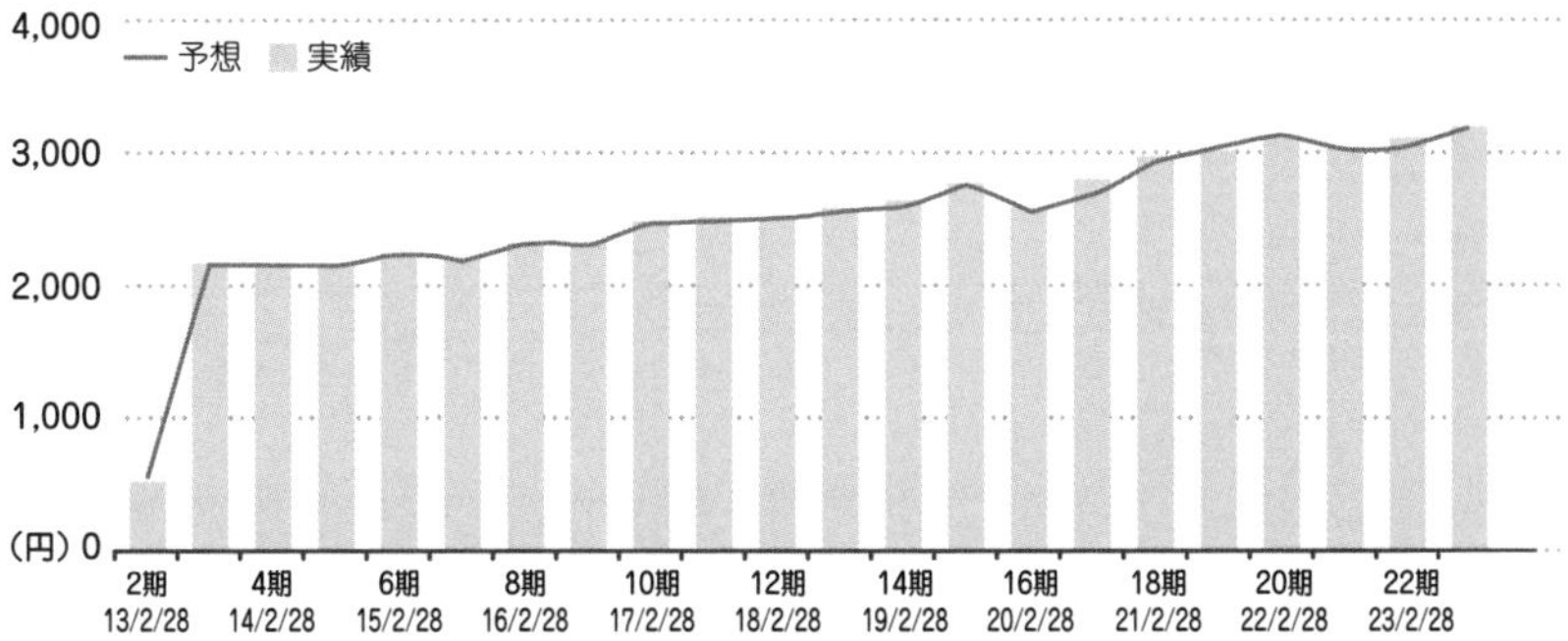

出典：https://www.japan-reit.com/meigara/3281/dividend/

Episode 2
「貯蓄から投資へ」なぜ今投資が必要なの？

最近は「貯蓄から投資へ」という言葉を聞く機会が多くなってきています。

2019年5月に、金融庁の審議会が「人生100年時代の資産形成」についての報告書案を作成し、その中には、「夫婦で95歳まで生活すると、年金のほかに2,000万円の貯蓄が必要」という内容があり、大きな話題となりました。

これは、各個人に合わせた目標金額を定めて老後に備えましょうと提言した報告書でした。このように、今まで投資に興味がなかった層も、投資を検討するべき時代になってきています。その理由と背景をみていきましょう。

● **額面年収700万円の人における手取り収入の推移**

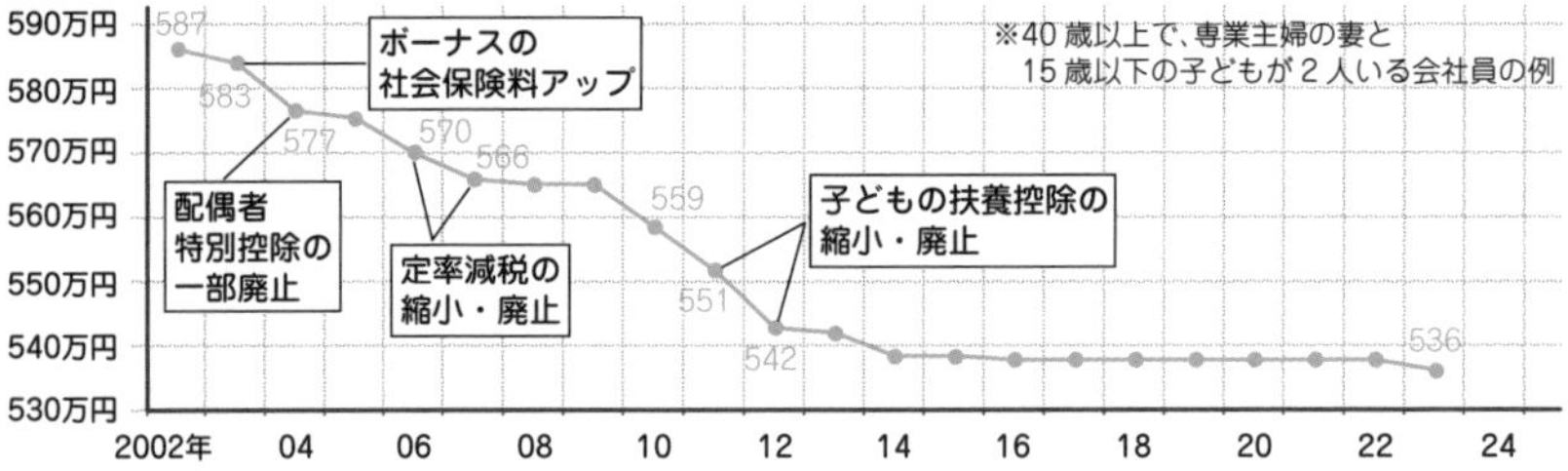

年収700万円の会社員の手取り収入は、2002年は587万円、2010年は559万円、そして2023年には536万円になっています。約20年で50万円以上も手取り収入が少なくなっていることがわかります。

手取り収入とは、給与の総支給額から所得税や住民税などの税金と、雇用保険や健康保険などの社会保険料を引いた実際に振り込まれる金額です。

給料が下がっていなくとも、税金や社会保険料の負担が増えると、手取り収入は減少します。本来は、これらの負担以上に給料が増えることが望ましいです。

しかし、近年は給料が増えておらず、実際に使えるお金は減っています。

さらに、円安傾向や物価高による生活費の圧迫も大きな問題となってきています。

そこでなぜ、投資が必要になってくるかというと、多くの銀行で普通預金の金利は、年0.001%（2024年3月現在）です。100万円を銀行に預けていた場合、年間の利息は10円、1,000万円の場合でも年間たったの100円しか増えません。利息だけでは、使えるお金の減少分を補うことはなかなか難しくなっています。

多くの日本人が行ってきた、貯蓄中心の資産形成では将来の不安は解消できず、投資での資産運用が必要な時代になってきています。

本書の内容のように、少額から手軽にできる投資も増えてきています。投資を正しく理解し、実践してみることが大切です。

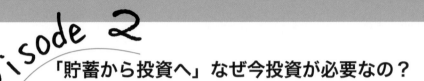

3時限目
これであなたも不動産オーナー REIT投資を始めてみよう

証券口座を作って、
実際にREITを購入し
てみましょう！
口座開設についても
詳しくまとめました！

01 REITへの投資を始める準備

REITを始めるためには、**証券口座**を開設する必要があります。既に、株式投資などの証券口座を持っている方は、その口座を使うこともできます。

1 証券会社の選び方のポイント

口座を開設する際に一番最初に考えることは、ネット証券か店舗型の証券会社にするかを選ぶことです。

- **ネット証券（アプリやWebサイトで申込み・注文・管理）**
- **店舗型証券（店頭や対面での販売、ネット注文なども可能）**

● 店舗型証券とネット証券の比較

	店舗型証券	ネット証券
手数料	高い	安い（無料の場合も）
売買注文方法	主に担当者を通じて注文	自分でPCやスマホから注文
サービス	担当者と資産運用について個別に相談できる 証券会社が発行するプロのレポートを見ることができる	各社のツールを無料で利用することができる

今どきの投資家ならネット証券の一択です！

店舗型証券には、担当者が付いたりと安心できる面もありますが、手数料や利便性を考えれば**ネット証券を使うことをおすすめ**します。

取り扱い銘柄数を確認

REITへの投資を始める際にまず確認したいのは、REIT銘柄の取り扱い数です。

REITへ投資しようと思ったのに取り扱い銘柄が少なく目当ての銘柄がなければ、思ったような投資効果を得られません。

手数料はいくらか？

REITを売買するには、各証券会社が定めた手数料がかかります。

最近、SBI証券と楽天証券が**売買手数料を無料**にし、大きな話題となりました。

手数料の安さで証券会社を選ぶことも一つの方法ですが、**取引のしやすさ**や各証券会社が提供する**取引ツールの使いやすさ**で選ぶことも大切です。

自身に合った証券会社を見つけるためにも、複数の証券会社の口座開設を

● 主要ネット証券　REIT取り扱い数（2024年3月）

	REIT個別銘柄	国内REIT ETF	国内REIT投資信託
SBI証券	全銘柄	20銘柄	58銘柄
楽天証券	全銘柄	21銘柄	61銘柄

※海外REITを含む商品は除く

することをオススメします。

複数の口座があれば、取り引きサイトのエラーで取引ができないリスクを軽減することができます。

2 証券会社に口座開設しよう

証券会社の口座開設は、証券会社のホームページから申し込むことができます。

口座開設の手続き方法は**Web**、**専用アプリ**、**郵送**の3種類から選択することが可能です。各手続きによる特徴は次ページの通りです。

これらの手続き方法のうち、**おすすめの方法は、Web（ネット）**からの口座開設申込みです。

口座開設までの日数が郵送より早く、免許証やマイナンバーカードなどの本人確認書類の提出も画像をアップロードするだけで、簡単に完了できます。

● 主要ネット証券　手数料一覧（2024年3月）

	SBI証券	楽天証券	auカブコム証券	マネックス証券	GMOクリック証券	松井証券
1約定制10万	0円	0円	99円	99円	90円	-
1約定制50万	0円	0円	275円	275円	260円	-
1約定制100万	0円	0円	535円	535円	460円	-
1日定額制10万	0円	0円	0円	550円	0円	0円
1日定額制50万	0円	0円	0円	550円	0円	0円
1日定額制100万	0円	0円	0円	550円	0円	1100円
その他	国内株式（現物/信用）手数料無料0円	国内株式（現物/信用）手数料無料0円	25歳以下0円	-	-	25歳以下0円

複数の証券会社で口座開設する際も、PCに保存した本人確認書類を使い回すことができ効率的です。

スマートフォン専用アプリからの申込みは、自撮りでの顔撮影やマイナンバーカードの読み込みで失敗することがあり、慣れていないと難しい部分もあります。

また、古いスマートフォンではできないこともあります。

複数の証券会社に口座開設を行う場合、その都度違うアプリで登録を行う必要があるので手間がかかります。

ちなみに、証券会社の口座開設は、登録手数料などはかからず**無料**です。

また、ほとんどの証券会社の**口座管理（維持）料は無料**です。

3 口座開設に必要な書類は？

各証券会社で必要な書類は若干の違いがありますが、ほとんどの場合で、次の書類が必要になります。

● **口座開設の手続き方法**

手続き方法	日数	わかりやすさ	特徴
Web	○	◎	Web上で必要事項を記入し、本人確認書類をアップロードする方法。その後、郵送される書類を受け取り完了
専用アプリ	◎	△	マイナンバーカードや免許証など本人確認書類をスマートフォンで撮影。首を傾けたりする自撮り動画撮影もあり。口座開設日数は最短ですが、スマホによっては読み取れないこともあり
郵送	△	○	本人確認書類を用紙に貼り付けて郵送する方法。時間はかかるものの、以前からある方法でわかりやすい

- **本人確認書類**（運転免許証、健康保険証、年金手帳、パスポート等）
- **マイナンバー確認書類**（個人番号カード、住民票の写し等）
- **本人名義の金融機関の口座番号**（ネット銀行や通帳レスの場合、口座番号などがわかる画像）

ネット証券を使う場合は、マイナンバーカードを持っておくと、手続きが楽になります。

口座開設にお金がかからない証券会社なら、まずは口座を開設して、アプリなどの使い心地を確かめてから、メインの証券会社を決めるといいよ！

02 口座開設で注意するポイント

1 「特定口座」と「一般口座」の違いとは？

証券口座をつくる際には、特定口座か一般口座かを選択する必要があります。

特定口座とは、株の売買による譲渡損益の計算などを証券会社が行う口座です。一年間の取引をまとめた**年間取引報告書を証券会社が発行**してくれるため、投資家は申告・納税手続きの負担が軽減できます。

一般口座とは、譲渡損益や配当所得の計算、納税手続きをすべて投資家自身で行う口座のことです。

一般口座での売買の損益計算などはとても複雑なため、口座開設は**特定口座を選択**することがおすすめです。

2 特定口座の「源泉徴収あり」と「源泉徴収なし」の違いは？

特定口座では、源泉徴収ありと源泉徴収なしの2つから選ぶことができます。源泉徴収とは税金の天引きを意味します。株式投資の利益にかかる税金を証券会社が天引きするか、しないかを選択できます。

源泉徴収ありの大きな特徴は、**確定申告が原則的に不要**となることです。難しい税金の処理を証券会社に任せることができるメリットがあります。

源泉徴収ありの口座でも、他の証券会社との損益通算をしたい場合や、年間で損失が出た際の**損失の繰越控除**を行いたい場合は、確定申告が必要になります。

色々な利便性を考えると、おすすめの口座は、**特定口座、源泉徴収あり**です。

個人投資家のほとんどがこちらを選択しており、証券会社も推奨しています。

● 特定口座の特徴

特定口座	特徴
源泉徴収あり	・確定申告は原則不要 ・譲渡益から源泉徴収される ・譲渡益と配当所得を自動通算できる ・配偶者控除や国民健康保険料に影響しない
源泉徴収なし	・確定申告が必要 ・譲渡益から源泉徴収されない ・譲渡益と配当所得を通算できない ・配偶者控除や国民健康保険料に影響が及ぶ

3 内部者登録はインサイダー取引防止のため

内部者登録は、上場会社との関係を入力するためのものです。登録する理由は、**インサイダー取引**という不正取引を防止するためです。

インサイダー取引とは、非公開の情報や内部情報を利用して、株式やその他の金融商品を売買することです。

企業や組織の重要情報を知る立場にある人が、その情報が一般に公開される前に取引する行為は、公平性や透明性を損なうため、法律で禁じられています。

上場会社で働いている人や、上場会社の役員の配偶者の人は、内部者登録をしておきましょう。内部者登録といっても難しいことはなく、勤め先の企業名と役職などを登録しておくだけです。

なお、ご自身や世帯主が上場会社にお勤めでない場合など、インサイダー取引に該当しない場合は「該当なし」にチェックを入れます。

4 信用取引口座の開設は慎重に

信用取引口座は後からでも開設できるので、取引に慣れてから検討することをおすすめします。

信用取引は、必要な資金を証券会社から借りて取引ができる仕組みです。

お金を借りて取引するので、証券会社の定める手数料に加え金利がかかります。証券会社に**預けた現金を担保（証拠金）**にして、この金額の**3倍**ほどまでの取引が可能になります。

例えば、証券口座に100万円ある場合、現物株取引では100万円分までの株式しか購入できません。しかし、信用取引は、この100万円を証拠金として最大約300万円まで取引が可能となります。

信用取引での売買は**信用買い**と、**信用売り（空売り）**と呼ばれています。信用売りは価格が下がるほど、利益が出るポジションとなります。

また、信用取引の種類には、一般信用取引と制度信用取引の2つがあります。

制度信用取引には決済期限が決められており、**6ヶ月以内に決済**する必要があります。一般信用取引は決済期限がありませんが、制度信用取引より金利が高い傾向があります。

ハイリスク・ハイリターンなレバレッジ取引

信用取引のような証拠金を差し入れて行う取引を**レバレッジ取引**と言います。レバレッジとは「てこの原理」のことで、小さい力で大きな効果をもたらすという意味です。

差し入れた証拠金の最大3倍ほどの取引ができ、上手くいけば大きな利益を得られ、効率よく投資ができる可能性があります。

一方で、思わぬ大きな損失を被り、場合によっては自己資金以上の損失になる可能性もあるため、注意が必要な取引です。信用取引に限らず、レバレッジを使った取引は、基本的に中長期の資産形成には向いていません。

信用取引は注意点が多く、仕組みをよく知ってからでないとロスカットなど思わぬ損失を招く可能性もあり、**投資初心者の人にはオススメできません。**

信用取引の仕組みや注意点を理解してから申し込みや利用することを推奨いたします。

5 NISA口座の開設は必要？

NISA口座は信用取引口座と同じく、後からでも口座開設できますが、新NISA口座を利用した投資の利益は非課税になる大きなメリットがあるので、証券口座開設とともに申し込みましょう。

一方、NISA口座で損失が出た時に、利益が出た特定口座など他の口座との損益通算ができず節税できないというデメリットもあります。

また、NISA口座は、**一人につき一つの証券会社**でしか開設できません。

例えば、A証券でNISA口座を開設済みの場合、B証券ではNISA口座を開設できません。

NISA口座の移管はできるので、どの証券会社でNISA口座を開設するかを考えておきましょう。

03 実際の手順に沿ってＲＥＩＴを売買してみよう

1 ＲＥＩＴは株式と同じように売買できる

ＲＥＩＴ個別銘柄には、株式と同じく4ケタの証券番号が割り振られており、証券会社を通じて売買することが可能です。

また、ＲＥＩＴの売買ルールも基本的には株式と同じです。

●ＲＥＩＴの売買手順

❶ 売買したい銘柄名（証券コード）を指定
❷「売り」か「買い」を指定
❸ 何口売買したいか数量を入力
❹ 指値・成行注文の指定

注文するときは、口数や注文方法、指値の場合は金額などが間違っていないか確認しよう！

❺ 口座区分「特定口座」「一般口座」「NISA口座」を指定
❻ 注文確認画面を確認し、注文を執行する

まずはどのREIT銘柄を購入するかを決めます。

前述した「REITの選び方のポイント」（詳しくは53ページ）を参考にしてください。

証券会社のWebサイトにログインし、銘柄の検索欄に購入したいREITの**銘柄コードや銘柄名を入力**し銘柄のページを表示します（下図）。

「買い注文」をクリックすると、現物取引の注

● 楽天証券のREIT銘柄を表示した画面

文画面が表示されます（下図）。

数量、**指値・成行の選択**、指値の場合の価格を入力します。

「**執行条件**」では注文が有効な期間を指定します。

「**口座**」では、「一般」か「特定」を選びます。

良ければ、取引暗証番号を入力して「注文」ボタンをクリックすれば注文完了です。

● 楽天証券の注文画面

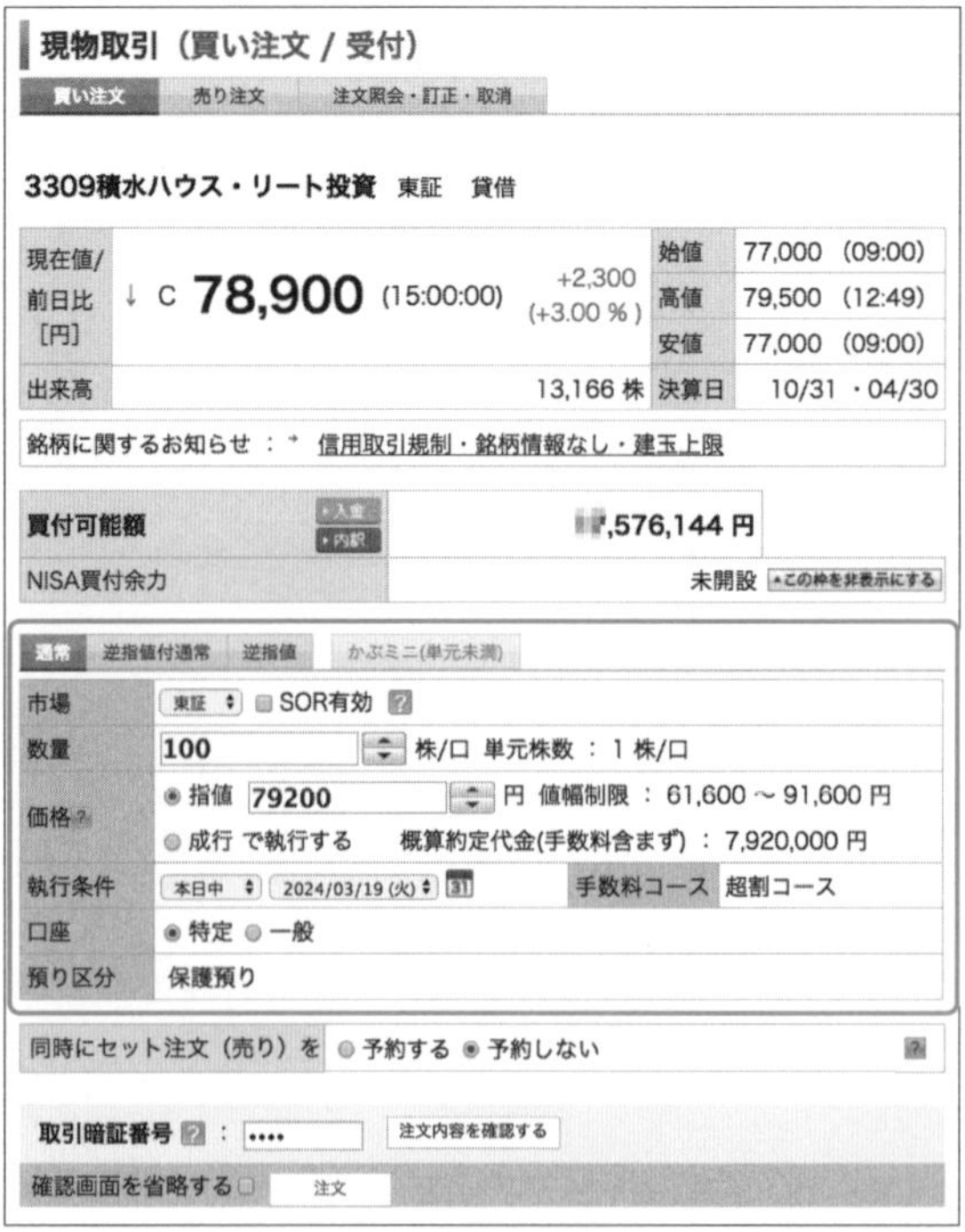

現物取引（買い注文 / 受付）
買い注文
売り注文
注文照会・訂正・取消
3309積水ハウス・リート投資 東証 貸借
現在値/前日比［円］
↓ C 78,900 (15:00:00)
+2,300 (+3.00 %)
始値 77,000 (09:00)
高値 79,500 (12:49)
安値 77,000 (09:00)
出来高 13,166 株
決算日 10/31 ・04/30
銘柄に関するお知らせ：信用取引規制・銘柄情報なし・建玉上限
買付可能額
,576,144 円
NISA買付余力 未開設
通常 逆指値付通常 逆指値 かぶミニ(単元未満)
市場 東証 SOR有効
数量 100 株/口 単元株数 ：1 株/口
価格 指値 79200 円 値幅制限 ：61,600 ～ 91,600 円
成行 で執行する 概算約定代金(手数料含まず) ：7,920,000 円
執行条件 本日中 2024/03/19 (火)
手数料コース 超割コース
口座 特定 一般
預り区分 保護預り
同時にセット注文（売り）を 予約する 予約しない
取引暗証番号 ：
注文内容を確認する
確認画面を省略する
注文

2 REITは1口から購入可能で信用取引もできる

2013年より制度改定され、REITでも信用取引が利用できるようになりました。貸株サービスの対象になっている証券会社では、**売りから入る（空売り）**ことも可能です。

株式の売買ルールと異なる点は**売買単位**です。

株式は、基本的に売買単位が100株単位になりますが、**REITの売買単位はすべて1口単位**です。つまりREITの最低投資金額は、現在の投資口価格になります。10口や100口で誤発注しないように注意が必要です。

3 注文方法は「指値」と「成行」の2つある

REITの個別銘柄の注文方法は、**指値注文**《さしね》と**成行注文**《なりゆき》の2種類です。

指値注文は、「○○円で買いたい・売りたい」と、具体的な売買価格を指定する注文方法です。指定した価格にならない限り取引が成立しないため、約定《やくじょう》できずチャンスを逃すこともあります。

成行注文は「いくらでもいいから市場の価格で買いたい・売りたい」という注文方法です。成行注文は、指値注文よりも優先されるため、ほぼ確実に約定できるメリットがあります。その反面、予想以上に高い価格で購入してしまうことや、安い価格で約定してしまうこともあるので注意が必要です。

- **指値注文：指定した値段で売買を行う注文（値段優先の注文）**
- **成行注文：注文と同時に売買を約定したい場合の注文（売買成立優先の注文）**

この2つの注文方法のメリットとデメリットを理解し、じっくりと売買する場合には指値注文、相場の急変などから素早い対応が必要な際は成行注文と、使い分けていくことが大切です。

4 REITの売り時と買い時はいつ？

REITは、安定した賃料収入が期待できる不動産の持続的な運用から、投資家に分配金が支払われる仕組みです。

購入したREIT銘柄を中長期で安定的に保有することにより、累計の分配金額は増えていき、得られた不労所得は積み上がっていきます。

価格変動がある含み益は売却するまでは確定されておらず、減損となる場合もありますが、分配金はもらった時点で確定した利益になるからです。

またREITは、株式と比べて相対的に価格の変動幅が小さい特性を持ちます。**分配金を継続的に得ることを目的とした投資戦略を持ち、多少の投資口価格の上下には一喜一憂しないことが**REIT投資では重要となります。

REITの売り時

基本的には売らずに**長期保有**を前提としますが、**分配金が連続して大きく下がるなど、投資の前提が崩れた場合には売り時となります。**

投資口価格よりも分配金の増減を確認することが大切です。

また、**保有銘柄の投資口価格が大きく値上がりした場合、売却を検討する**段階になります。

この場合の判断は、個人の投資目標により異なりますが、一定の売却基準を事前に決めておくと効率的です。

例えば、現在の投資口価格が30万円、年間分配金が1万2000円（分配金利回り4・0％）の銘柄を購入したとします。

あらかじめ「**今後10年間でもらえる分配金相当の売却益が出る場合には売ろう**」などの基準を設け、この基準を満たす金額に売却注文を出しておくと、売り時を逃さず効率的な取引ができます。

このケースでは、1万2000円×10＝12万円のため、投資口価格が42万円になったら売却するという注文を入れておく手法です。

この年数の設定は個人の目標や資金計画により異なります。余裕がある場合は、売らない判断をしても良いでしょう。

また同じ銘柄を2口以上所有している場合は、**1口だけ売却することも有効な手段**です。

基本的には長期保有を推奨しますが、あらかじめ投資のゴール（出口戦略）の目安を決めておくことで、確実に利益を確定することができます。

REITの買い時

一方でREITの買い時は、分配金は維持されているにもかかわらず、**投資口価格が下がって**

いるときです。

例えば、「３４９３アドバンス・ロジスティクス投資法人」の分配金は、比較的安定していますが、投資口価格は下がっていました。

丸で囲った部分のチャートで下ひげを付けたあたりから反転し、その後、陽線の連続から上昇に転じています。このあたりは買い時だったと言えます。

ＲＥＩＴの銘柄は分配金額が変わらない場合、投資口価格が上がれば、分配金利回りは下がります。

逆に投資口価格が下がれば、分配金利回りは上がります。

買い時は分配金利回りで判断する

つまり、買い時と判断する基準の大部分は**分配金利回り**です。

普段３％台の分配金利回りで推移していた銘柄が、分配金額の変更がない状況で４％を大きく超えてきた場合、様子を見ながら少しずつ買っていく戦略はリスクが低い手法と言えます。

● アドバンス・ロジスティクス投資法人の日足チャート

出典：TradingView（https://jp.tradingview.com/）

ＲＥＩＴに限らず投資全般に言えることですが、安く買うことができれば損失の確率は大きく下がります。

ＲＥＩＴは株式市場と相関しない場合もありますが、一般的に不動産市場は株式市場に、**半年から1年遅れて連動する**と言われています。

つまり株式市場が好調に推移している中、ＲＥＩＴが連動していない場合、買い時と考えることができます。

もちろん未来の価格は予測できないので、時期を分散して購入していくことが重要です。

● アドバンス・ロジスティクス投資法人の分配金の推移

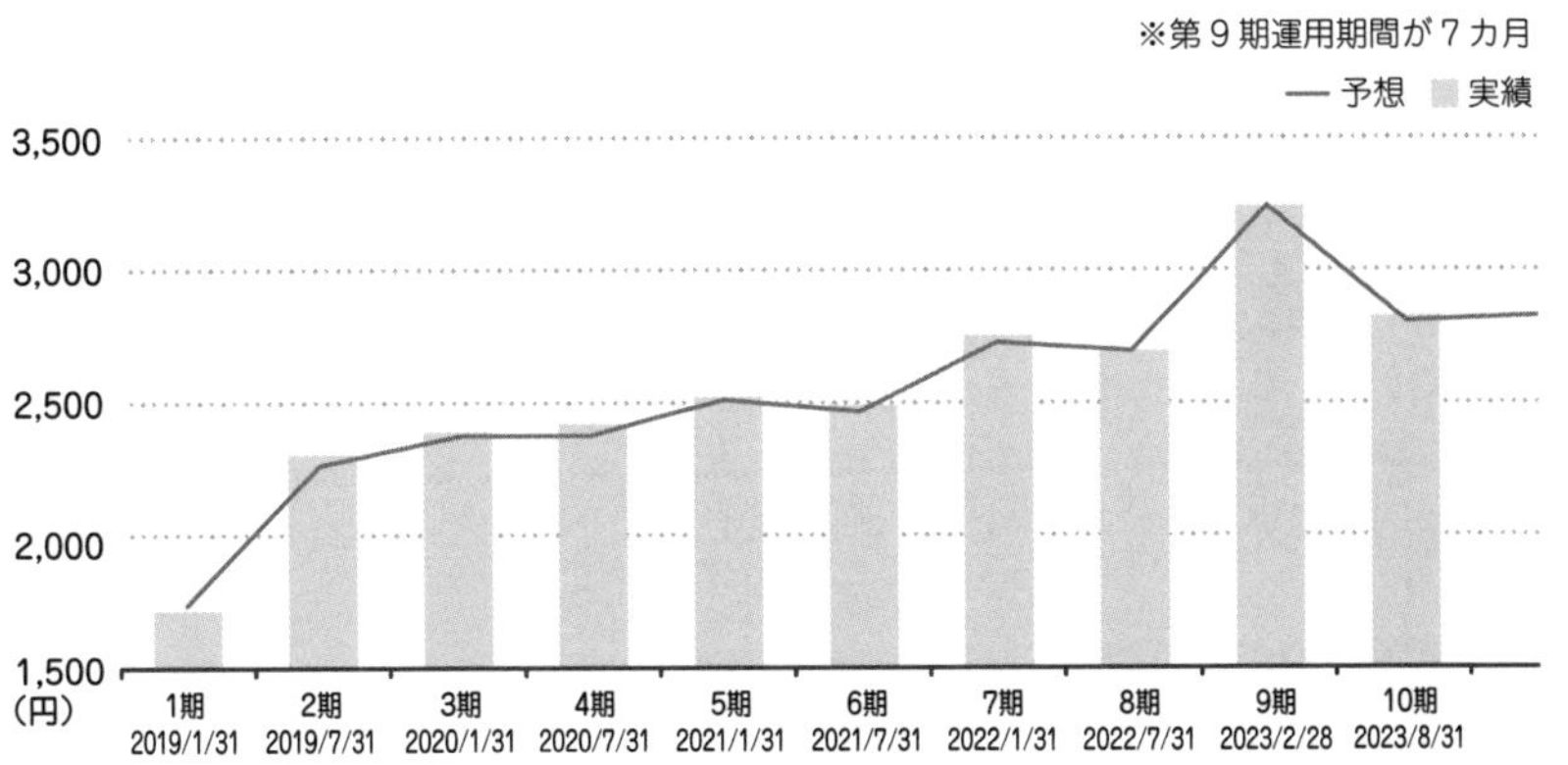

出典：JAPAN-REIT.COM（http://www.japan-reit.com/meigara/3493/dividend/）

04 REITに向いているのはこんな人

1 安定した分配金を長期的に得たい人

REITの魅力は、株式投資の配当利回りより高い分配金を、安定的に長期間にわたり得られる可能性があることです。

価格変動による売買益は一時的な利益になりますが、分配金は保有期間中、年1〜2回もらえ、継続的な利益すなわち定期的な不労所得となります。

中長期での安定した資産形成にはインカムゲインの割合を高めることが不可欠です。

いきなり、何口も買うのではなく、初めは最低取引口数で売買をして、少しずつ取引に慣れていくのがいいでしょう。

2 まずは少額から投資したい人

投資を始めてみたいけれど多額の資金は用意できない人、投資で大きく損したくないと思う人は、5万円ほどから投資可能なＲＥＩＴに向いています。

まずは少額からＲＥＩＴ投資を始めて、値動きや分配金の仕組みを理解したうえで、株式など他の金融商品を購入することも可能です。

また、将来的に現物不動産投資へ参入したいと考える人が、まずはＲＥＩＴで不動産投資の基本や仕組みを学習し、投資経験を積む場としても適しています。

3 手間をかけずに投資をしたい人

不動産投資に興味があるものの、ローンを組んでまで投資したくない人、普段は忙しく不動産の管理や運用に手間をかけたくない人にはＲＥＩＴが向いています。

ＲＥＩＴは不動産のプロが物件の選定や運用を行うため、投資初心者でも安心して始めることができます。

ただし、ＲＥＩＴへの投資はリスクも伴うため、自身のリスク許容度や投資目標と照らし合わせて慎重に判断することが大切です。

4 株式などとのリスク分散をしたい人

すでに株式投資などを行っている人が、**分散目的で他の投資商品を検討している場合、REITは有効な分散手段**になり得ます。

これは、**REITが株式や債券とは異なる動きをする**とされているため、全体のリスクを分散することに役立つからです。

個別株や他の投資商品と不動産商品を組み合わせることで、ポートフォリオ全体の安定性を高める効果が期待できます。

4時限目

新NISAとiDeCoを利用して投資の利益を非課税にしよう！

今、話題の新NISAはREITへの投資でも使うことができます。

01 新NISAはどんな制度？

1 新NISAとは？

2024年1月から新NISAの制度が始まりました。

従来のNISAを投資枠の拡大や保有期間の無期限化など、大幅に拡充した制度が新NISAです。

新NISAは、より多くの人々が投資を行い、長期的な資産形成を促進する目的のために導入されました。すでに投資をしている人はもちろん、これから投資を始めようと考えている人にもぜひ、活用してほしい投資の利益に税金がかからないお得な制度です。

NISAは、Nippon Individual Savings Accountの頭文字を取ったもので、「少額投資非課税制度」が正式な名称です。イギリスのISA（個人貯蓄口座）をモデルとした日本版のISAがNISAとなります。

ＮＩＳＡは、２０１４年1月に一般ＮＩＳＡの制度が始まり、２０１６年4月にジュニアＮＩＳＡ、２０１８年1月につみたてＮＩＳＡがスタートしました。そして、２０２４年1月から新ＮＩＳＡの制度が始まりました。

2 ＮＩＳＡ口座での利益は非課税に

証券会社で開設した特定口座や一般口座では、株式投資や投資信託、ＲＥＩＴの売買で得た譲渡益や株式投資の配当金、投資信託やＲＥＩＴの分配金には、合計で20・３１５％の所得税や住民税、復興特別所得税が発生します。

● 譲渡益や分配金にかかる税金の内訳

- 所得税 ：15％
- 住民税 ：５％
- 復興特別所得税 ：０・３１５％ ※２０３７年12月末まで
- 合計 ：20・３１５％

一方、**ＮＩＳＡ口座の売却益と配当金、分配金は非課税の対象**となり税金が発生しません。売却益はもちろん、配当金や分配金も保有期間中はずっと非課税となる点は大きなメリットです。

　つまり通常の口座での取引は、得られた利益の80％弱が手取り金額となりますが、ＮＩＳＡ口座では利益の１００％を受け取ることができます。

NISA口座で投資しても、
利益が出ないと節税
効果は生まれません。
分配金の多いREITで
は恩恵を受けやすいよ。

● 特定口座・一般口座と新 NISA 口座の利益に掛かる税率と利益額

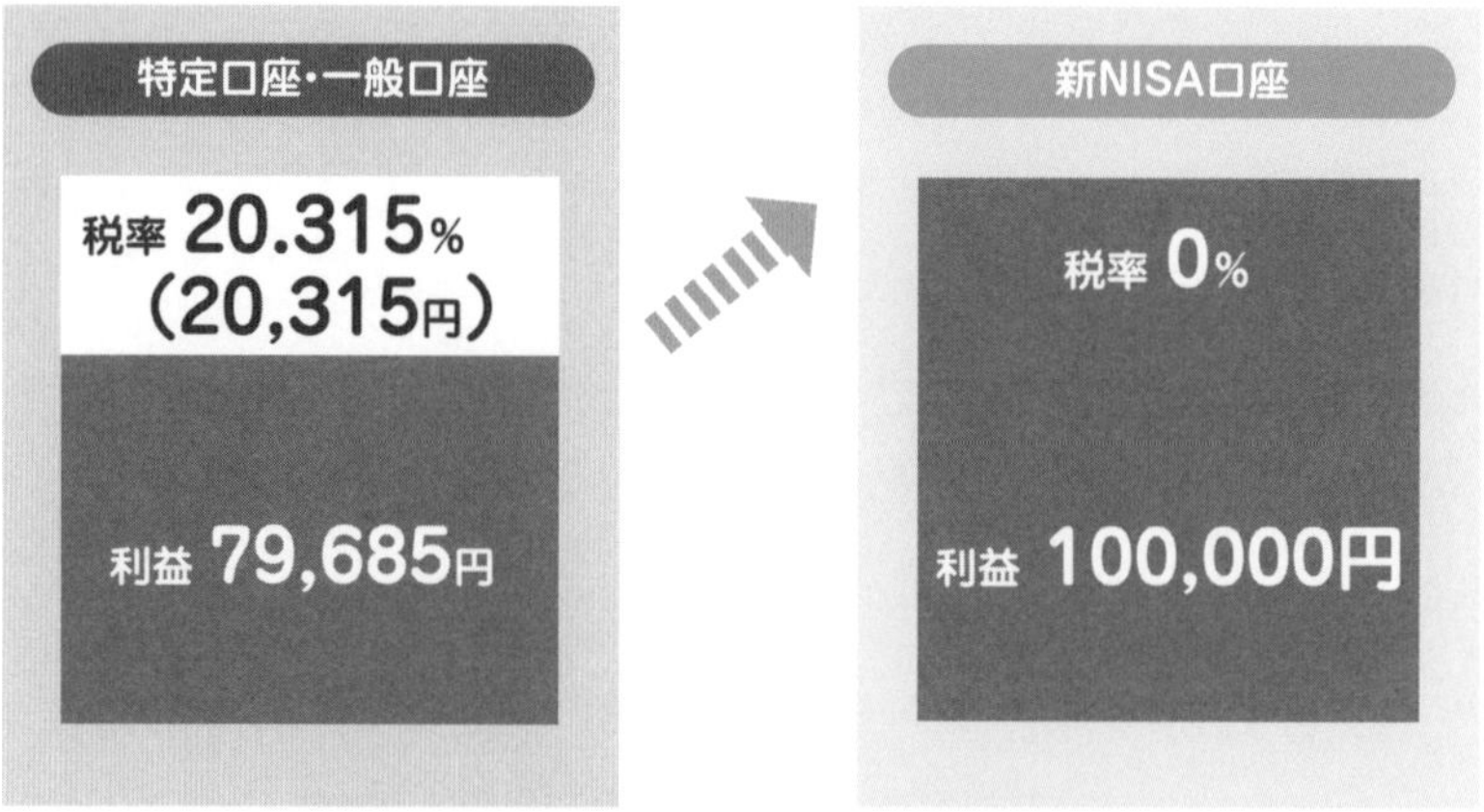
特定口座・一般口座
税率 20.315％
（20,315円）
利益 79,685円
新NISA口座
税率 0％
利益 100,000円

投資で100,000円利益が出たら

02 新NISAの特徴とメリット

1 成長投資枠とつみたて投資枠

新ＮＩＳＡは、**成長投資枠とつみたて投資枠**の２つの投資枠があります。それぞれに年間に投資できる最大額が決められ、**成長投資枠は年間２４０万円、つみたて投資枠は年間１２０万円、年間合計３６０万円まで非課税での投資が可能**です。また、**２つの枠を同時に利用**することができます。

2 非課税投資枠は１８００万円まで

新ＮＩＳＡは年間で最大３６０万円まで投資可能ですが、累計（生涯）の最大利用可能額は、**つみたて投資枠と成長投資枠を合わせて１８００万円まで**となっています。

このうち、**成長投資枠では1200万円まで**投資可能となります。

つみたて投資枠には上限がなく、1800万円分を全てつみたて投資枠で利用することも可能です。

3 非課税期間は無期限

新NISAでは**非課税期間が無期限**となります。これにより新NISAを利用した長期投資が可能となります。

配当金や分配金も非課税で受け取ることができます。ただし、配当金を非課税枠の対象にするには、**株式数比例配分方式**での受け取りにする必要があります。

配当金の受け取り方法には次の4種類があります。

❶ 発行会社より直接受け取る

発行会社より郵送されてきた配当金領収証で配当金を換金する方法です。必要事項を記入し押印して、郵便局へ持って行くと現金で受け取れます。

● 新 NISA 制度の概要

	成長投資枠	つみたて投資額
非課税保有限度額	合わせて1,800万円	
	1,200万円	―
年間投資枠	合わせて360万円	
	240万円	120万円
非課税の期間	無期限	
購入方法	スポット・積立	積立
対象商品	上場株式・REIT・ETF・投資信託（レバレッジ型など一部は除外）	金融庁が指定する投資信託・ETF
対象年齢	18歳以上	

❷発行会社に指定口座に振り込んでもらう
配当金の発行会社に対し、指定された金融機関に振り込んでもらい、受け取る方法です。

❸株式数比例配分方式
証券会社で保有している株数に応じて、配当金がそれぞれの証券会社の口座に入金されます。**NISAを利用し非課税で配当金をもらう場合**は、この株式数比例配分方式を選択する必要があります。

❹登録配当金受領口座方式
保管振替機構（ほふり）で管理されている、株の合計数による配当金を指定された金融機関へ一括で振り込んでもらう方法です。

4 売却した分の投資枠は翌年復活する

新NISA口座で保有している商品を売却した場合、その購入価格分の枠を再利用することができます。復活する金額は、**購入時の金額（簿価）**となります。

例
- **新NISA口座にて50万円で購入し、70万円で売却した場合、翌年に復活する非課税枠は50万円**

また、買い増しやナンピンを行っている場合、**復活する金額は平均買付単価になります。**

ナンピン（難平）とは、保有している銘柄の価格が下がったときに、さらに買い増しをして平均購入単価を下げることを指します。この戦略は、損益分岐点を引き下げることを目的としています。難平という言葉は、難（損）を平均することから来ています。

例

- **新NISA口座にて20万円で100株購入、その後30万円で100株購入**
- **平均買付単価は（20＋30）÷2＝25万円**
- **100株だけ売却した場合、翌年に復活する非課税枠は25万円**

これにより、商品の入れ替えを行いやすいメリットが生まれます。

注意点は、保有商品を売却してすぐに枠は復活せず、翌年から再利用可能になる点です。

つまり、新NISA口座は、デイトレードやスイングトレードなどの短期売買での利用には向いていません。

配当金や分配金をもらいながら、短期での売買は行わずに**積み立てて運用する長期での資産形成に適している制度**です。

新NISAはとてもおトクな制度なので、ぜひとも、利用して投資することをおすすめします！

03 新NISAの注意点とデメリット

1 18歳以上の国内居住者が利用できます

新NISAの、口座開設が可能な年齢は18歳以上となります。

また、日本国内に居住していることが利用条件になります。転勤や留学などで日本国内に居住していない場合は利用できないため注意が必要です。

2 新NISA口座の開設は1人1口座まで

新NISA口座は、1人1口座しか開設することができません。証券会社でNISA口座を開設した場合には、他の証券会社や銀行などでは口座を開設することはできません。重複して申し込もうとすると証券会社での審査が通りません。

新ＮＩＳＡ口座は、**1年に1回であれば開設先の変更が可能**です。ただし、新ＮＩＳＡ枠で商品を買い付けていた場合、その年は口座変更ができず、翌年からの変更となります。

3 購入できない商品がある

新ＮＩＳＡ口座で取引ができる商品は、次の通りです。

- **成長投資枠**：**国内株式、海外株式、投資信託、国内ＥＴＦ、海外ＥＴＦ、Ｊ-ＲＥＩＴなど**
- **つみたて投資枠**：**金融庁の定める要件を満たした投資信託、ＥＴＦ**

成長投資枠では、次に該当する商品は購入できません。

- **整理・監理銘柄**
- **信託期間20年未満、毎月分配型、レバレッジ型の投資信託**

上場廃止が決定している銘柄や、リスクが高めの商品は購入することができません。

新ＮＩＳＡ口座の対象商品は、投資信託やＥＴＦ、ＲＥＩＴなど金融庁が認めた、長期の資産形成に適した商品のみとなっています。

4 新NISA口座は損益通算できない

新NISAの最大のデメリットは、損失時に新NISA口座で発生した損失が**他の口座で得た利益と損益通算できない**ことです。

損益通算とは、一般口座や特定口座で発生した損失を最長3年繰り越し、次年度以降の所得を減らすことができる制度（繰越控除）です。今年の損失を、翌年以降の利益と相殺するための手続きで、繰越控除には**確定申告が必要**となります。

通常、株式投資の利益には税金が発生しますが、利益を損失により圧縮することで、節税に繋がる効果があります。**NISA口座では、これが行えないということです。**

新NISA口座で行う取引は投資です。元本は保証されていません。利用すれば**必ず儲かるという制度ではなく、利益が出た際に非課税でお得になる制度です。**

対象商品は、金融庁の基準を満たした商品のみで、比較的リスクは抑えられていますが、価格変動により投資元本を割り込む可能性があることには注意が必要です。

新NISA口座の取引での損失は、心理的に受け入れにくくなることもあり、**損切りが遅れてしまう傾向**もあります。自身のリスク許容度（詳しくは120ページ）を理解し、新NISA口座こそ余剰資金で無理のない取引をすることが重要です。

04

新NISAでのREIT活用術

1 新NISAとREITは相性が良い

新NISAは、非課税期間が無期限なため、**長期投資による資産形成に適しています。**配当金や分配金も保有する限りは非課税で受け取ることができます。投資期間が長くなればなるほど、**非課税で受け取れる配当金や分配金が増えていきます。**

この新NISAの非課税メリットは、安定した分配金を得られることが特徴である、REITとの相性が良いといえます。

新NISAの制度を利用した投資手法は様々ありますが、REITの分配金などのインカムゲインを非課税で長期的に得ることを目的にすることで、メリットを最大化できます。

キャピタルゲインは基本的に一時的な利益で、値下がりによる損失や含み益の消滅も考えられます。一方で、一度もらった分配金はマイナスになることはありません。

新NISAの成長投資枠とつみたて投資枠の理想的な投資先

- つみたて投資枠：**リスクの低いインデックスファンドへ積立投資**
- 成長投資枠　　：**分配利回りの高いREITへ長期投資**

安定的に分配金を出しているREITへ投資できれば、株式の配当金よりも高い利回りの分配金を、非課税で受け取り続けることができます。新NISA制度とREITの特徴を活用して、**安定的な不労所得を得られる仕組み**をつくる絶好のチャンスです。

2 決算月の異なるREITで毎月非課税の分配金をもらう

次ページの表のREITの個別銘柄を保有する投資家は、**基本的に年2回の分配金**を受け取ることができます。

分配金は**決算期から3ヶ月以内**に投資口数に応じて支払われます。

株式の決算月は3月に集中していますが、**REITの決算月は銘柄ごと分散**しています。

新NISA口座で**決算月の異なるREITを6銘柄購入**すれば、毎月分配金をもらうことも可能になります。

新NISA×REIT個別銘柄で、毎月分配金がもらえる組み合わせ例をご紹介します。

3 少額で投資可能な組み合わせ例

下の表は、決算期が異なる銘柄で、投資口価格が低い銘柄に投資した例です。比較的少額でポートフォリオを組むことができます。

この6銘柄を全て購入した場合、44万円ほどです。新NISA成長投資枠の年間投資枠が240万円のため、資金があればすぐに実現可能な組み合わせで、分配金利回り平均は4・93%となります。

毎月、約1500〜2300円の分配金を受け取ることができ、年間で2万1000円ほどになります。

4 時価総額の大きい銘柄で低リスクに

左ページの表は、**決算期が異なる銘柄で時価総額が大きい銘柄に投資**した例です。

時価総額が大きい銘柄は、流動性が高く比較的安定

● 毎月分配金がもらえるポートフォリオ例＜少額で投資可能編＞ (2024.3.1 現在)

証券コード	投資法人	投資口価格（円）	分配金利回り	年間分配金（予想含む）	決算期	主な運用資産
3309	積水ハウス・リート投資法人	74,100	5.09%	3,770	4月、10月	総合型
3468	スターアジア不動産投資法人	54,900	5.54%	3,044	1月、7月	総合型
3472	日本ホテル＆レジデンシャル投資法人	75,000	4.22%	3,162	5月、11月	ホテル
8961	森トラストリート投資法人	69,300	4.85%	3,359	2月、8月	総合型
8963	インヴィンシブル投資法人	61,200	5.73%	3,506	6月、12月	ホテル
8986	大和証券リビング投資法人	100,000	4.60%	4,600	3月、9月	複合型

した値動きをする傾向があり、**価格変動リスクを抑える効果**があります。

この組み合わせの6銘柄を全て購入した場合の必要資金は197万円ほどで、分配金利回り平均は4・26%となります。

新NISA成長投資枠の年間投資枠240万円以内で、資金があればすぐに実現ができますが、金額が大きいので、時間的なリスク分散として、投資タイミングをずらして購入することをおすすめします。

毎月おおよそ3300～1万2000円ほどの分配金を受け取ることができ、年間で8万4000円ほどの分配金を受け取れます。

5 運用資産を分散して投資する

次ページの表は、決算期が異なる銘柄で**運用資産の分散**を意識して投資した例です。

運用資産を分散することで、特定の運用資産の銘柄

● 毎月分配金がもらえるポートフォリオ例＜時価総額が大きい銘柄編（2024.3.1現在）＞

証券コード	投資法人	投資口価格（円）	分配金利回り	時価総額（百万円）	決算期	主な運用資産
3269	アドバンス・レジデンス投資法人	305,000	3.87%	437,065	1月、7月	住宅
3283	日本プロロジスリート投資法人	248,200	4.10%	704,615	5月、11月	物流施設
3462	野村不動産マスターファンド投資法人	144,800	4.59%	682,761	2月、8月	総合型
8951	日本ビルファン投資法人	581,000	4.22%	988,276	6月、12月	オフィス
8952	ジャパンリアルエステイト投資法人	540,000	4.26%	768,347	3月、9月	オフィス
8972	KDX不動産投資法人	149,000	5.10%	617,292	4月、10月	総合型

が低迷しても他の銘柄があることで、全体のリスクを軽減することが期待できます。

この組み合わせの6銘柄を全て柄入した場合の必要資金は、220万円ほどで、分配金利回り平均は3・91％となります。

毎月おおよそ2300～1万2000円の分配金を受け取ることができ、年間で8万5000円ほどの分配金を受け取れます。

こちらも新NISA成長投資枠ですぐに実現可能ですが、投資金額が大きくなるためタイミングは慎重に判断しましょう。

毎月の分配だけにこだわる必要はありませんが、毎月不労所得を安定的に得られる楽しみがあります。

新NISA成長投資枠での分配金を非課税にするには、配当金・分配金の受け取り方式を株式数比例配分方式に設定している場合に限りますので、注意しましょう。

● 毎月分配金がもらえるポートフォリオ例＜運用資産分散編＞（2024.3.1 現在）

証券コード	投資法人	投資口価格（円）	分配金利回り	年間分配金（予想含む）	決算期	主な運用資産
3226	日本アコモデーションファンド投資法人	566,000	3.84%	21,740	2月、8月	住宅
3283	日本プロロジスリート投資法人	248,200	4.10%	10,187	5月、11月	物流施設
3287	星野リゾート・リート投資法人	551,000	3.16%	17,400	4月、10月	ホテル
3292	イオンリート投資法人	131,200	5.10%	6,685	1月、7月	商業施設
8951	日本ビルファンド投資法人	581,000	4.22%	24,500	6月、12月	オフィス
8986	大和証券リビング投資法人	100,000	4.60%	4,600	3月、9月	シニア施設・住宅複合型

6 長期運用におすすめな投資例の組み合わせ

新NISAの成長投資枠を使い、**50万円で組めるREITのポートフォリオ例**です。

新NISA制度のメリットを活かし、長期保有を前提に分配金利益を非課税で積み上げていく投資戦略に適した組み合わせ例です。

- **平和不動産リート投資法人**
- **大和ハウスリート投資法人**
- **大和証券リビング投資法人**

必要資金は48万円ほどで、分配金利回り平均は4・77％となります。

年間で2万2000円ほどの分配金を受け取れます。

初めは、人気の投資家のポートフォリオをマネして購入してみるのもおすすめです。

● 50万円でできる！新NISAで長期運用するポートフォリオ (2024.3.1現在)

証券コード	投資法人	投資口価格（円）	分配金利回り	年間分配金（予想含む）	決算期
8966	平和不動産リート投資法人	134,300	4.99%	6,700	5月、11月
8984	大和ハウスリート投資法人	241,300	4.72%	11,400	2月、8月
8986	大和証券リビング投資法人	100,000	4.60%	4,600	3月、9月

05 iDeCoではREITの投資信託に投資可能

1 iDeCoはどんな制度？

iDeCo（個人型確定拠出年金）とは、国民年金や厚生年金の公的年金とは別に、将来の年金収入を確保するために導入された私的年金制度です。公的年金ではありませんので、加入は任意となります。

月々5000円からつみたてが可能で、自分で運用商品を選択し、拠出金と運用益を受け取る仕組みです。運用商品は、投資信託や元本保証の定期預金も選ぶことができます。

2 iDeCoは3つのステップで税金面のメリットがある

iDeCoを利用するメリットは、拠出時・運用時・給付時の3つのステップで、税制上の優遇が受けられることです。

● **拠出時**

積立の全額が所得控除になり、所得税と住民税が軽減される
積立期間は全て控除を受けることができ、節税効果がある

● **運用時**

iDeCoは運用している期間全てにおいて、運用益は非課税となる
これにより、長期的に効率よく資産運用をすることができる

● **給付時**

iDeCoは、運用したお金を受け取るときに一括して課税されるが、給付時にも税負担が軽くなる

一時金で受け取るときには退職所得控除、60歳以上で年金として受け取るときには公的年金等控除が適用され、税負担が軽減されます。

3 iDeCoは4つのデメリットがある

iDeCoのデメリットは次の通りです。

- 原則60歳まで引き出せない
- 元本割れリスクがある
- 加入時、運用期間中、受け取り時に手数料がかかる
- 運用する商品の選択肢が少ない

また、iDeCoはNISA口座と同様に1人1口座しか開設できません。

4 iDeCoでREITの投資信託に投資可能

iDeCoでREITに投資するには、**投資信託を購入**する必要があります。

また、iDeCoの資産配分においては、REITの投資信託だけに投資するのではなく、国内外の株式の投資信託や、債券中心の投資信託、定期預金と組み合わせて運用することをおすすめします。

節税しにくいサラリーマンにとって、iDeCoを使った所得税控除はありがたい制度です。

iDeCoは、原則60歳まで引き出せないため、まずはNISA口座での取引を優先した方がよいでしょう。

余剰資金が多くあり、節税しながら老後資金づくりをしたい人は、NISAに加えてiDeCoを利用することで、より効率的に資産運用ができます。

● 主なネット証券会社・銀行のiDeCoで運用できるREITの投資信託一覧

取り扱い証券会社	ファンド名	信託報酬
SBI証券	ニッセイ-DCニッセイJ-REITインデックスファンドA	0.187%以内
	ニッセイ〈購入・換金手数料なし〉ニッセイJリートインデックスファンド	0.275%以内
楽天証券	三井住友・DC日本リートインデックスファンド	0.275%
	野村J-REITフォンド（確定拠出年金向け）	1.045%
松井証券	たわらノーロード　国内リート	0.275%
	eMAXIS Slim国内リートインデックス	0.187%
三井住友銀行	三井住友DS・国内リートインデックス年金ファンド	0.187%
三菱UFJ銀行	三菱UFJ＜DC＞J-REITファンド	0.935%
	eMAXIS国内リートインデックス	0.44%以内
みずほ銀行	たわらノーロード国内リート	0.275%

06 分散投資を心掛けよう

1 新NISAでも分散投資が大事です!

新NISAの制度を効率よく利用するためには、分散投資を理解することが重要です。

分散投資とは、投資に存在するリスクを分散するために、さまざまな商品に投資することを指します。

投資には「卵を一つのカゴに盛るな」という有名な格言があります。これは、分散投資の重要性を説いた言葉です。

下の図は、金融商品を卵を入れたカゴに見立てています。持っている資産を一つのカゴ（例えば一つのREIT銘柄）に投資していると、その銘柄が上がったときは利益が増えて

1つのREIT銘柄をカゴに見立てて
1つのカゴにまとめると
すべて割れてしまいます
いくつかのカゴに分けると
すべてが割れることはありません

良いのですが、暴落したときに卵（資産）がすべて割れてしまいます。

そこで、いくつかのカゴに分けて分散しておくと、一つのカゴの卵が割れても、別のカゴの卵が利益を出して、全体ではマイナスにならずにすみます。

このように、一部の投資が損失を出した場合でも、他の投資が利益を出すことで全体のリスクを軽減することできるのです。

分散投資は、自身の資産を保護すると同時に、収益性を向上させる投資戦略の一つなのです。

2 投資のリスクを理解しよう！

投資にはさまざまなリスクが存在します。

投資においてのリスクとは、一般的な損失や危険の意味とは少し違い、**リターンの振れ幅の可能性**のことを指しています。投資に存在するリスクを正しく理解することで、分散投資の戦略が練りやすくなります。投資の主なリスクは次の通りです。

❶価格変動リスク

投資した商品の価格変動により、大きなリターンを得ることもあれば、損失になることもあります。**価格の振れ幅が大きい商品ほどリスクが高い**といえます。

経済状況、企業の業績、政治的な出来事など、さまざまな要素によって商品の価格は影響を受けます。価格変動がある商品に投資することで、このリスクを常に抱えることになります。

❷信用リスク

株式やREITの企業、債券を発行する国の経営状況や財政状況により、リターンは大きく左右されます。信用リスクは、**企業や国が債務不履行（デフォルト）に陥る可能性**を指します。

企業が倒産したり、国が債務不履行に陥ったりすると、配当金や分配金の減額や、最悪の場合は投資元本の一部または全額が回収できなくなる可能性があります。

❸流動性リスク

保有している商品を現金化する際に、**市場での取引量が少ない（流動性が低い）**と、売りたいときに売れない、または買いたいときに買えないという状況が生じる可能性を指します。

マーケットにショックが走ると、希望する価格で売買することが難しくなり、流動性が下がる傾向があります。

❹為替変動リスク

海外の金融商品に投資する場合、金融商品そのものの価値が下がらなくても、**為替の変動が資産運用に影響を及ぼす可能性**があります。

例えば、米ドル建ての資産に投資した場合、資産の価値が変わらなくても円高になると換算したときの資産価値が下がります。

日本国内においては、為替変動により円安になった場合、物価の高騰を招き、企業業績にも影響を及ぼす可能性があります。

3 「商品」「時間」「地域」の分散でリスクを軽減しよう！

これらの**リスクを軽減する**ためには、分散投資を行うことが重要です。

分散することにより一部の投資が損失を出した場合でも、他の投資が利益を出すことで、全体の収益を確保することが可能になります。

分散には、**商品、時間、地域を分散**させる方法があります。

❶商品の分散

投資には、預金、株式、債券、不動産、投資信託などさまざまな種類があります。

それぞれの商品や銘柄は、常に同じ値動きをするわけではなく、リスクとリターンのバランスも異なります。これらの商品を組み合わせて投資することで、リスクを分散することができます。

また、ＲＥＩＴや投資信託などは、様々な投資対象を組み合わせて、その商品自体に分散効果があるものもあります。

❷時間の分散

時間の分散は、**投資のタイミング**をずらして分散させる方法です。

どんなに優良な銘柄や商品でも、投資のタイミングを見誤ると、損失になる場合があります。一括で購入するのではなく、**投資のタイミングをずらす**ことで、購入価格を平均化でき、価格変動リスクを抑えることができます。

❸投資地域の分散

投資する地域が集中していると、特定の地域に問題や天災が起こった際、大きな影響を受けてしまいます。特に不動産投資は、**投資対象地域を複数**にすることで、リスクを分散することができます。

これらの分散投資の方法を組み合わせることで、より効率的にリスクを軽減することができます。つまり、**複数商品への投資をして、投資対象地域を分散させ、購入時期をずらすことで分散効果を高める**ことができます。

分散投資は、計画的に行うことで全体のリターンの変動幅を小さく抑え、リターンを最大化することができます。

4 分散投資を行う際はここに注意！

分散投資を行う際に注意する点は、分散を意識するあまり、なんとなく色々な商品に投資をしてしまうことです。興味のない商品や、仕組みを理解していない商品への投資は、かえってリスクを高めてしまうこともあります。

商品の特徴をよく理解したうえで、**値動きに相関性がない複数の商品に分散して投資すること**が重要です。

リスクとリターンはトレードオフ

投資においては、**リスクとリターンはトレードオフ**の関係にあります。トレードオフとは、一方を成立させれば、もう一方が成り立たない、両立しない状態のことです

ローリスク・ハイリターンといった都合のいい投資商品はありません。大きなリターンを求めるなら、その分だけ背負うリスクも大きくなり、リスクを抑えたいのなら、その分リターンは小さくなることが投資の基本原則です。

分散投資には、リスクを軽減するメリットがありますが、一方で、**リターンも分散され小さくなるというデメリット**があります。しかし、まずはリスクを抑えた資産を減らさない運用を心掛けることが大切です。

分散投資は投資をするうえで、最も重要な考え方と言っても過言ではありません。

5 自分のリスク許容度を知ろう

リスク許容度とは、投資中に損失が出た場合、**どの程度までなら受け入れられるかの度合い**です。一般的に、利益の許容度は無限大と言えますが、損失の許容度には限界があり、人によって異なります。

損失にどれだけ耐えられるかは、資金量、資産額はもちろん、年齢、家族構成、性格や経験により異なってきます。

例えば、同じ投資額で、同じ損失額になっている場合でも、平穏でいられる人もいれば、不安で落ち着かなくなる人もいます。

投資をする際、どの程度のリターンが見込めるかを考える人は多いですが、同時にどれくらい損失が出る可能性があるかを想定し、**自分のリスク許容度を測ることが重要**です。

リスク許容度の基準値とは？

機関投資家やヘッジファンドなどプロの投資家は、経験豊富でリスク許容度が高そうですが、彼らの取引にはあらかじめ**損切ルール**が定められており、その多くが**20%〜30%の損失**とされています。

例えば、1000万の運用で30％の300万以上の損失になった場合は、機械的にロスカットされるようになっています。

相場の世界では、直近高値から20％以上の下げが起こると、弱気相場に突入したと定義されています。この数値設定は投資の世界だけでなく、軍隊でも同じと言われています。

部隊の兵士の30％ほどが戦闘不能となった場合、組織的な戦闘ができなくなり、部隊は「全滅」と認定されるそうです。

つまり、リスク許容度を法則や経験則などから数値化した場合、**投資した金額の30％の損失割合がひとつの基準と考えることができます。**

投資した金額を100とし、そこから年齢を引き、さらに基準値の30を引くとリスク許容度の目安がわかります（個人により異なるため、あくまで目安としてお考え下さい）。

今40歳であれば、短期間（6ヶ月〜1年）での変動率が30％以上想定される投資商品には投資しない方針にすることで、資産を守る投資ができる可能性が高くなります。

ちなみに筆者は、10％ほどの資産変動でも不安になってしまう小心者のためリスク許容度は低く、ミドルリスク・ミドルリターンのＲＥＩＴや、表面的な価格変動がない不動産クラウドファンディング投資をメインにしております。

自分のリスク許容度を超える保有資産を持つと、少しの値動きでも資産の変動が大きくなるため、心理的な負担は大きくなります。

投資はメンタルの管理も重要です。冷静な判断ができなくなると、思わぬ大きな損失を被る場合があります。
自身のリスク許容度を正確に知るには、ある程度の投資経験が必要です。
リスク許容度がわからないときは、少額から投資を始めることがおすすめです。

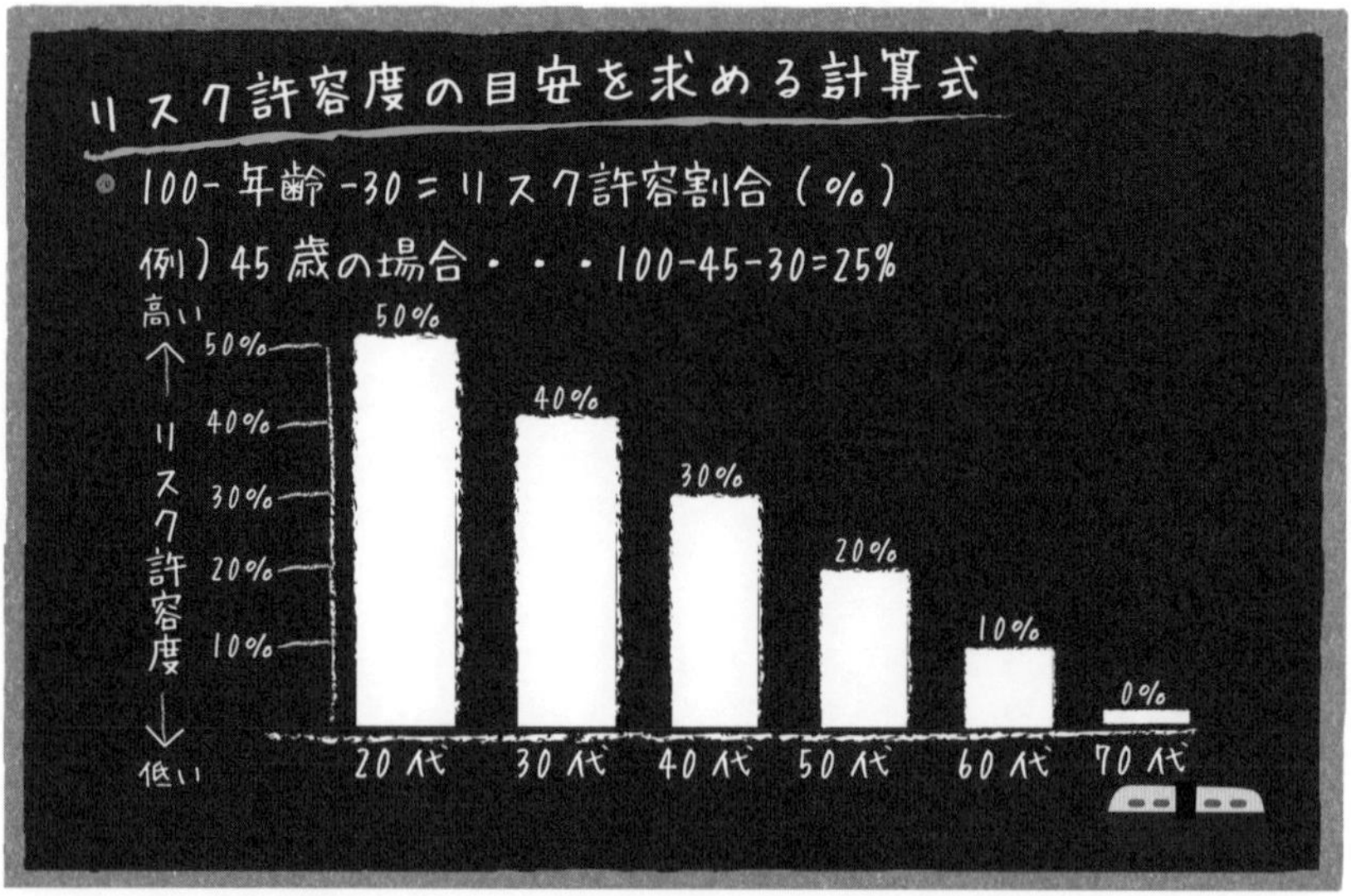
リスク許容度の目安を求める計算式
100－年齢－30＝リスク許容割合（%）
例）45歳の場合・・・100－45－30＝25%
高い
↑
リスク許容度
↓
低い
50%
40%
30%
20%
10%
50%
40%
30%
20%
10%
0%
20代
30代
40代
50代
60代
70代

5時限目

不動産投資の新しいカタチ「不動産クラウドファンディング」

REITに似た仕組みの、最近できた「不動産クラウドファンディング」についても学んでいきましょう!

01 不動産クラウドファンディングとは？

1 そもそも、クラウドファンディングって何？

最近よく耳にするクラウドファンディングという言葉は、「群衆（crowd）」と「資金調達（funding）」を組み合わせた造語です。簡単にいうと、みんなでお金を出し合って投資する仕組みです。これを不動産への投資に特化させたものが不動産クラウドファンディングです。

2 ネットで完結、1万円から不動産投資

● 不動産クラウドファンディング募集総額

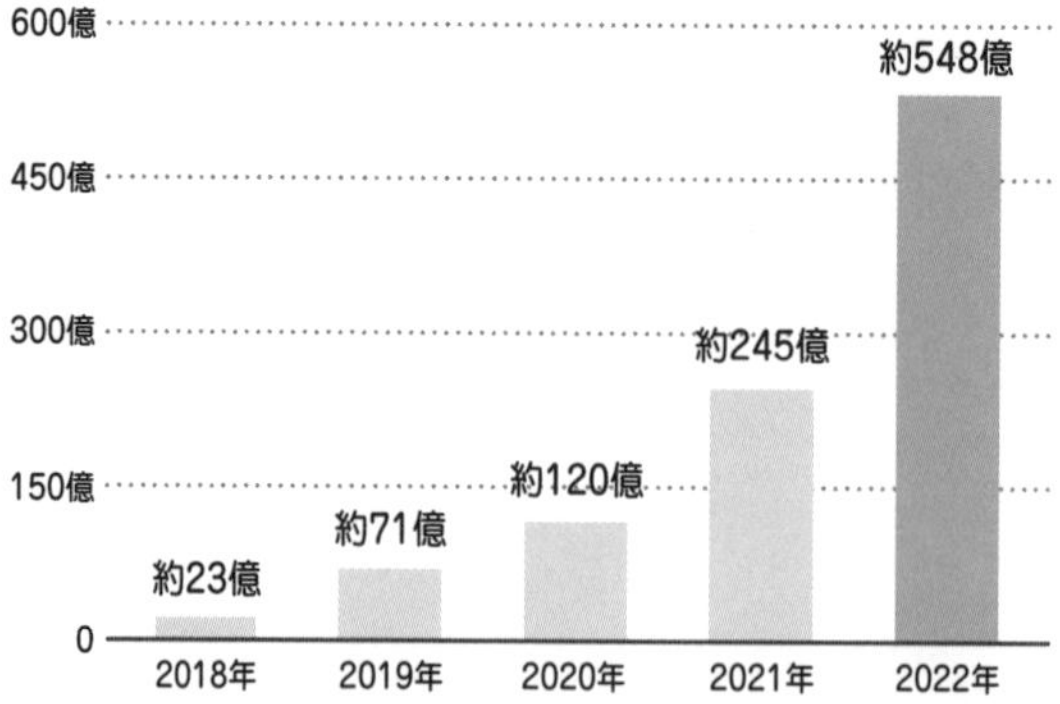

不動産クラウドファンディングとは、インターネット上で複数の投資家を募集して、**集まった資金で事業者が不動産の購入と運用**を行い、その物件の**家賃収入**や**売却益**を投資家に分配する仕組みの**投資商品**です。

1万円から投資可能で、REITよりさらに**少額から不動産投資ができるサービス**として注目を集めています。

2017年に不動産特定共同事業法が改正され、個人がインターネットを通じて、不動産投資を行うことが可能になった比較的新しい投資方法です。

複数の投資家が1つのファンドに共同出資してファンドを組成します。

投資対象は、マンションやアパートなどの住居が多く、ホテル、オフィス、物流施設、商業施設、ヘルスケアに投資するファンドもあります。

● 不動産クラウドファンディングのしくみ

● 不動産クラウドファンディングとREITの比較

	不動産クラウドファンディング	REIT
最低投資額	1万円～	5万円ほど～
投資方法	事業者の募集するファンドへ応募	証券会社を通じて購入
価格変動	なし	あり
運用期間	あらかじめ決まっている	決まっていない
売却方法	運用期間中は原則不可	証券取引市場で売却可能
投資家保護の仕組み	優先劣後出資 マスターリース契約	特になし

※本書では、リスクが限定されている「匿名組合型」の不動産クラウドファンディングを解説しております。

基本的に**1つの物件に投資するファンドが多く**、物件の中の1つの部屋が投資対象のファンドもあります。他には複数の区分マンションを組み合わせた**複合ファンド**もあります。

REITのようにオフィスと住居、物流施設とホテルなど、異なる用途の不動産を組み合わせたファンドは今のところありません。複数の投資家が1つのファンドに共同出資する形です。

ファンドとは、もともと資本や基金の意味ですが、投資においては複数の投資家から資金を集め、この資金で投資を行い、**収益を投資家に還元する仕組み**のことを指します。不動産クラウドファンディングの各プロジェクトや、投資信託の商品もファンドの一種となります。

不動産クラウドファンディングのファンドを運営する会社は**事業者（運営事業者）**と呼ばれ、多くは不動産運用に十分な実績がある**不動産会社がファンドを組成**して、運用と管理を行います。

この仕組みを活用することで、個人ではなかなか投資機会がなかった高級物件や大型物件にも少額から投資ができるようになりました。

不動産クラウドファンディングは、歴史がまだ浅いものの、**国から認可された事業者だけが運営**できるため、安心して投資することができます。

3 「インカムゲイン型」と「キャピタルゲイン型」の2つがある

不動産クラウドファンディングでは、投資対象物件の運用で生じた利益は、事業者から投資家に分配金として還元されます。

分配金の原資となる収益には、**インカムゲイン（家賃収益）**と、**キャピタルゲイン（売却収益）**の2つがあります。

ファンドにより、この2つの収益の割合が異なり、主に家賃収入を分配金の原資とするファンドを**インカムゲイン型**、将来の売却益を分配金の原資とするファンドを**キャピタルゲイン型**と呼びます。

❶インカムゲイン型

家賃収入を分配金の原資とする割合が高いファンドです。稼働率が高い物件に投資できた場合、運用期間中は安定した分配金がもらえるメリットがあります。

❷キャピタルゲイン型

将来の**売却益を分配金の原資**とする割合が高いファンドです。不動産価格の下落の影響を受けやすいため、**インカムゲイン型と比べリスクは高く**なります。運用期間が長い場合は、景気や金利状況、天災などの不確定要素が多くなるため注意が必要です。

4 ファンドに投資した際の分配金の受け取りと利回りの計算

次ページのファンド情報の表にある「Rimple's selection#45 」に10万円投資、6ヶ月間運用して、正常に償還された場合を計算します。

10万円×3・0%（年利）＝3000円になります。

6ヶ月間の運用なので、3000円÷2＝1500円となります。

償還日には、投資元本の10万円と、分配金の1500円に源泉徴収税20・42％を控除した金額の1193円、合計10万1193円が入金されます。

金融商品の利回りは、基本的に年利表記です。

利回り3・0％、運用期間6ヶ月のファンドに投資した場合の分配金は、「12ヶ月÷6ヶ月＝2」で2分の1に換算します。

例の場合、投資した金額に対して実際に受け取った分配金利回り（税引き前）を計算すると、1・5％となります。

● ファンド情報 (2024.3.1 現在)

ファンド名	利回り（年利）	期間
Rimple's selection#41	2.8%	6ヶ月
GALAFUNDING#2（東麻布）	4.0%	6ヶ月
信長ファンド9号	5.0%	11ヶ月
Rimple's selection#45	3.0%	6ヶ月
Hmlet CREAL東中野	4.5%	18ヶ月
プレファン　ファンド19号	5.0%	6ヶ月
みらファン第4号	6.3%	9ヶ月
CREAL ロジスティクス東京鹿浜	4.8%	24ヶ月
KORYO Funding－MC　#4	4.5%	12ヶ月
空家再生ファンド@愛媛県今治市	3.0%	5.9ヶ月
三井物産のデジタル証券～日本橋・人形町～	3.0%	58ヶ月

02 不動産クラウドファンディングの魅力とメリット・デメリットとは？

1 不動産クラウドファンディングのメリット

❶ハードルの高い不動産投資が1万円から投資可能に

現物の不動産投資は、安定した家賃収入が得られることで人気の投資手法ですが、物件の購入には最低でも数百万円から数千万円、数億といった資金が必要となります。最近は人件費や建築資材費の高騰、不動産価格の上昇などで、個人の資金力で購入できる優良な物件は少なくなっています。

不動産クラウドファンディングは、**1万円から不動産のプロが厳選した物件に投資が可能**です。中には好立地の高級レジデンスやホテル、商業施設、物流施設が投資対象になる場合があります。手続きはすべてネットで完結でき、難しい契約もありません。

事業者への口座開設の手数料や、ファンドへの投資後も維持に関する手数料はかかりません。

❷ 株式投資のような価格変動リスクがないので気がラク

株式やFX、ビットコインなどの暗号資産、ETFやREITなど個人が投資できる商品は多くありますが、これらは日々の価格変動があります。

商品によっては1日で10％以上の価格変動があり、ハラハラすることも多く、投資中に値動きが気になって眠れない夜を経験をした人も少なくないと思います。

不動産クラウドファンディングは**日々の価格変動がない**ので、投資した後は値動きに振り回されて疲れてしまうこともなく、変動幅の大きい商品との分散投資先にもなります。

❸ 投資後の管理が必要なく手間なく簡単

不動産クラウドファンディングは、現物の不動産投資のように管理の手間がかからず、投資した後の**管理も不要**です。物件の運用と管理は不動産のプロである事業者が行ってくれます。

投資後の手続きもインターネットで完結します。

❹ 運用期間が決まっていることでリスクを限定できる

不動産クラウドファンディングのファンドは、あらかじめ**運用期間が決まっています**。

6ヶ月以内の短期間から2年以上の長期間まで、様々な運用期間のファンドの中から、自分に合った期間のファンドを選ぶことができます。

株式投資などは運用期間が決まっていないため、思惑が外れて下落した場合、株価が上がるまで所有し続ける「塩漬け」になり、資金が拘束されてしまうこともあります。

不動産クラウドファンディングは運用期間が決まっていることで、ファンドが問題なく運用できた場合、いつ、いくら分配金が貰えるのか事前にわかるため、資金管理がしやすいメリットがあります（ファンドの運用状況により運用期間が延長される場合があります）。

不動産クラウドファンディングのような運用期間が決まっている投資では、**現在の稼働率が高い物件を運用するファンドは、安定した賃料収入の実現性が高い**と考えられます。

❺高利回り（2～6％）の利益を得られるチャンス

近年の日経平均の配当利回りは1％後半から2％前半で推移しています。

不動産クラウドファンディングは、**2～6％台**まで様々なファンドがあり、投資家のリスク許容度によって選ぶことができます。

❻投資家のリスクを軽減する仕組み

①「優先劣後出資」で投資家の資産を守る

優先劣後出資とは、事業者もファンドに出資をして、**投資家の出資を「優先出資」**、事業者の出資を「劣後出資」とすることです。

劣後とは

他よりも後に扱うこと。投資においては優先順位が低いことを意味します

投資家と事業者が、同じファンドに一定の割合で出資をしますが、その比率はファンドによって異なります。

これにより、空室や売却などで損失が出た場合でも、**劣後出資者である事業者から先に損失を負担する**ことになります。

例えば、劣後出資割合が30%の場合、ファンドの運用が想定通りにいかなくても、30%までの損失なら投資家の元本は守られます。

投資において最も避けたい事態は、出資した元本の一部またははすべてが返金されないことです。

優先劣後出資は**この元本棄損リスクを軽減**し、投資家を守る仕組みのひとつです。

②空室が出ても家賃保証がされるマスターリース契約

一般的に不動産投資の最大のリスクは、**空室リスク**とされています。好立地の高額な物件でも、入居者がいなければ毎月の家賃収入はありません。

● 劣後出資で損失が出たとき

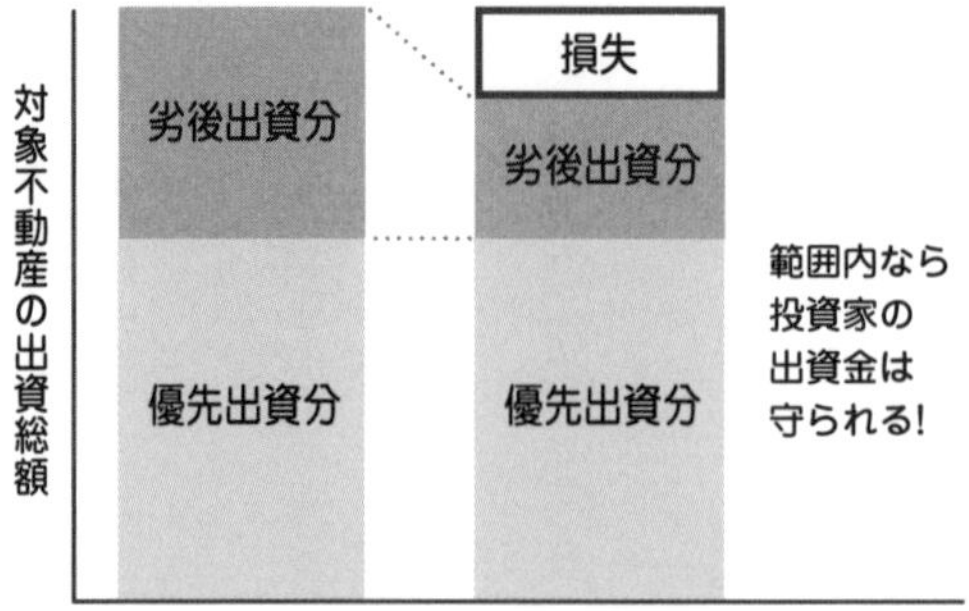

対象不動産の出資総額
劣後出資分
優先出資分
損失
劣後出資分
優先出資分
範囲内なら
投資家の
出資金は
守られる!

また不動産の稼働率は、物件の売却にも大きな影響を与えます。稼働率が悪く空室が目立つ不動産には、買い手はなかなか見つかりません。

不動産クラウドファンディングも同様で、家賃収入がなければ分配金は支払えなくなります。**マスターリース契約**は、入居状況に関係なく**一定の家賃収入を保証する契約**を外部の会社と結び、空室による分配金減少リスクを軽減し、投資家を保護します。

これらの投資家を保護する仕組みを採用するファンドを選ぶことで、安全性が高まる効果があります。

⑦優良な上場企業が参入してきている

東証プライムに上場する**大資本の企業が運営している事業者が増えています**。上場企業には社会的な信用があり、不動産取引や運用に十分な実績とノウハウがあります。

このような企業が参入していることで、不動産クラウドファンディングそのものの信頼性が高まっています。

⑧社会貢献にも繋がるファンドもあり

投資で金銭的な利益を得ること以外にも、環境問題や、よりよい社会の実現のために**投資を通じて社会貢献する面**

● 不動産クラウドファンディング新規参入企業

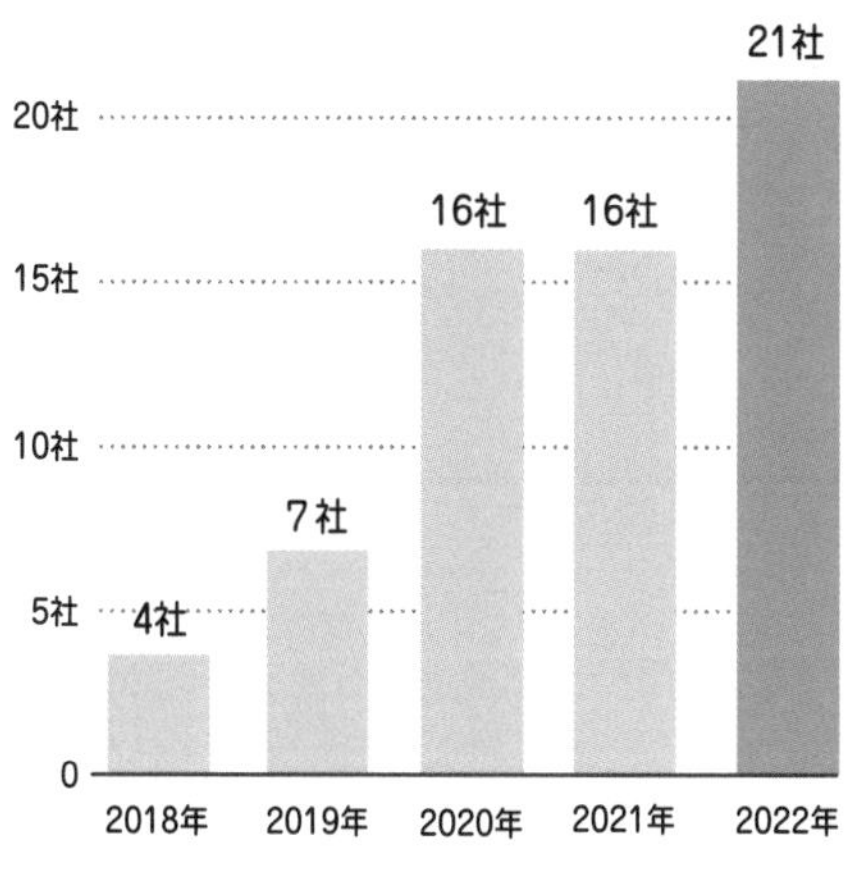

もあります。

不動産クラウドファンディングは、社会的意義のあるファンドや、ＥＳＧ投資につながるファンドもあり、環境に配慮した物件や施設に投資することで社会貢献できる面もあります。

2 体感した不動産クラウドファンディングのメリット

以上に記した８つの魅力に加え、私が実際に投資して実感できた不動産クラウドファンディングのメリットを３つ紹介します。

❶ 投資経験やスキル、投資のタイミングに左右されない

不動産クラウドファンディングは、ファンドに投資し運用が無事に終了すれば、元本が償還され分配金が支払われるという、投資の出口があらかじめ決められている投資商品です。

投資タイミングの見極めが難しい株式投資に比べ、不動産クラウドファンディングは**投資するタイミングによる損益の差が生まれないメリット**があります。

❷ 売り煽り・買い煽りなど 投資家同士の争いがない

不動産クラウドファンディングは、ファンドに投資することができれば、基本的には運用が終了するまで**ほったらかし投資**となります。

そのためネットやSNSでのポジショントーク、いわゆる売り煽りや買い煽りをする意味がなくなります。

投資は自己責任ですが、他人の意見に影響されることが少ないことで、投資判断がしやすい面があると感じています。

❸ 投資期間に運用の報告があり安心できる

不動産クラウドファンディングは、**運用状況**が定期的に送られてきます。投資対象物件の稼働状況や売却の状況などが詳しく報告書に書かれており、安心して見守ることができます。

株やREITのように途中で売却できないから、ほったらかし投資がしやすいです！

3 不動産クラウドファンディングのデメリット

どの投資にも言えることですが、デメリットもあります。
しっかり理解してから投資しましょう！

❶ 元本保証はされません

株式投資や債券投資と同様に、不動産クラウドファンディングは、出資した**元本は保証されません**。

元本を保証し資金を集めることは、一部の投資商品を除き出資法で禁止されています。

運用状況や事業者の倒産などにより、元本の一部またはすべてが返還されない場合があることには注意が必要です。

❷ 利回りは確定していません

不動産クラウドファンディングでの**表記利回りは、想定利回り**です。

ファンドの運用が想定通りにいかず、家賃収入や売却益が得られないときは、分配金の減額や運用期間が延長される場合があります。

❸ 途中解約できない場合が多い

株式やREITは、想定外の展開になった場合、自己判断により売却しすぐに現金化することができます。

不動産クラウドファンディングは、基本的には運用中の**途中解約ができません**。途中解約できる際でも、手数料と相応の時間がかかる場合があります。

不動産クラウドファンディングでは、不動産を購入、運用するのは事業者のため、**投資家は運用や管理に関与できません**。

将来的な売却を分配原資にするキャピタルゲイン型ファンドの場合、不動産価格の下落などにより物件の売却が想定通りにいかない場合でも、売却価格や時期は事業者がすべて決定することになります。そのため事業者の選定と、**投資対象物件の分析は慎重に行う**ことが大切です。

❹ 人気ファンドは投資できない場合も

不動産クラウドファンディングの募集方式は、**先着方式**と**抽選方式**があります。

先着方式は、募集開始時間から先着順に受け付けますが、人気のファンドの場合、数秒で完売するケースもあります。

抽選方式は、募集期間終了後に抽選を行い、当選した人のみ投資する権利があります。人気のある事業者やファンドは、抽選倍率が10倍以上となることもあり、投資するには運も必要です。

投資したくても確実に投資できず、**機会損失になる場合**があります。

03 不動産クラウドファンディングを実際に買ってみよう！

1 口座開設に必要な書類

不動産クラウドファンディングに投資するまでの手順は事業者によって若干異なりますが、ここでは大まかな手順を紹介します。

●口座開設に必要な書類は？

- 本人確認書類（免許証や保険証など）
- マイナンバーカード（表と裏）
- メールアドレスとパスワード

これらの画像を、投資家登録するパソコンやスマートフォンに保存しておきましょう。

画像を保存しておくと、投資家登録作業が効率的にできます。

2 口座開設の流れ

❶ アカウントを作成する

不動産クラウドファンディング事業者のホームページから、メールアドレスを登録しアカウントを作成します。

事業者よりメールが届きますので、そのメール内容に沿って次の登録へ進みます。

❷ 投資家登録する

個人情報や入出金で利用する銀行口座などを入力し、投資家登録をします。

郵送による本人確認（書類のやり取り）と、スマートフォンなどによる本人確認を選べますが、スマートフォン経由の方が早く本人確認が完了します。

- **身分証明書（運転免許証や保険証など）、マイナンバーの画像登録が必要**
- **事業者によってはスマートフォンで本人確認が行われ、すぐに投資家登録できる**
- **事業者での審査が終わると、本人確認の書類が送付されてくる**

アカウント登録から申込するまでの流れ

❶アカウントを作成する

RimpleWebサイト（https://funding.propertyagent.co.jp/）

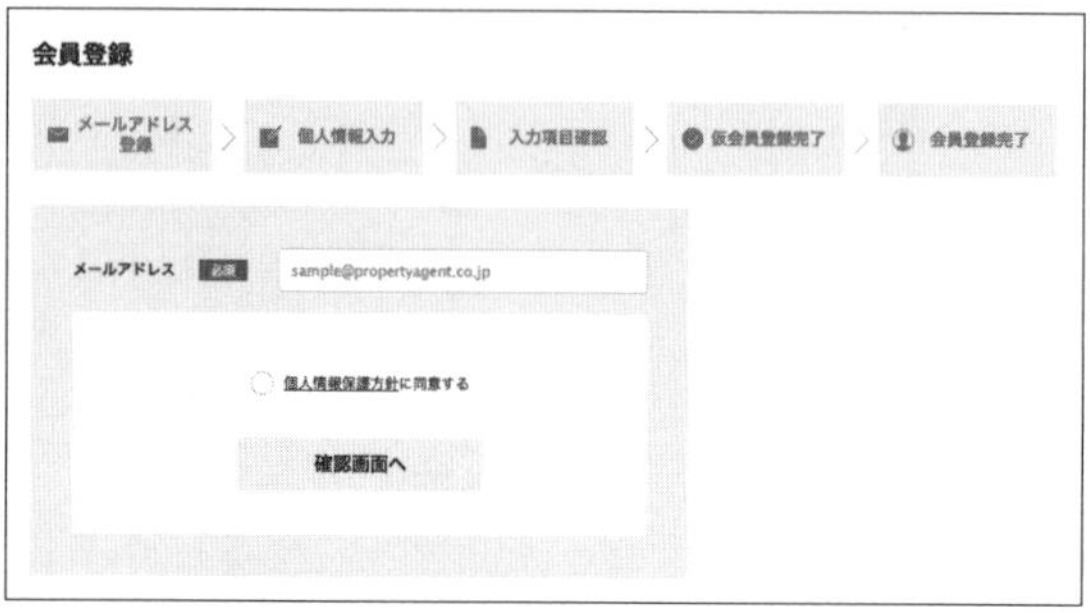

❷投資家登録する

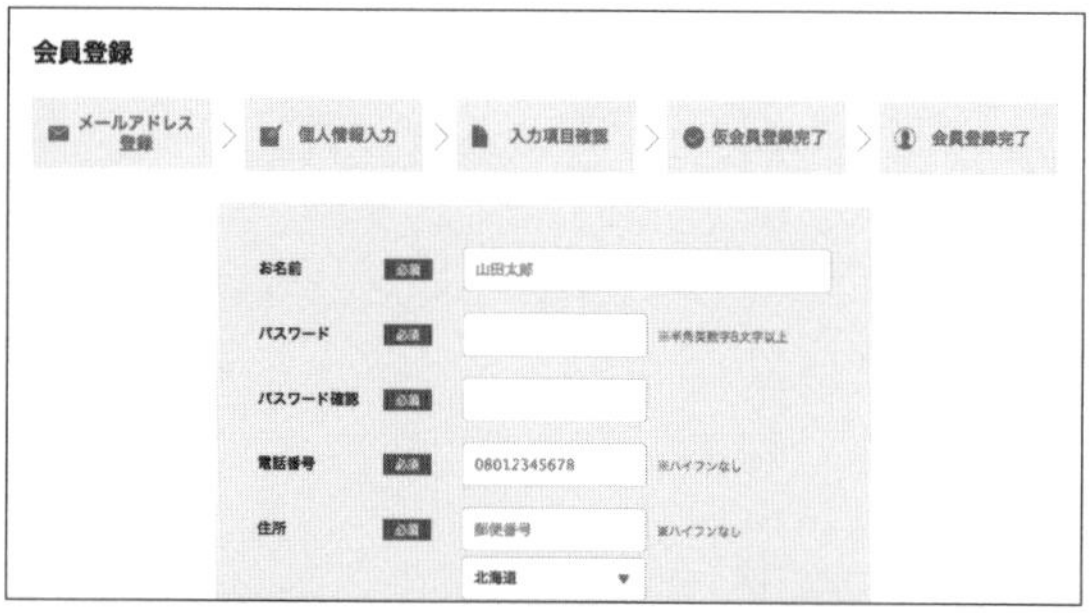

❸ファンド概要と「契約成立前書面」を確認のうえ、投資したい金額を入力し、ファンドに「応募する」を押す

- **本人受取限定郵便の場合が多く、配達員の方に身分証明書を提示し本人のみが受取り可能**
- **記載されているナンバーや仮パスワードを入力して投資家登録が完了**

この段階で投資の申し込みが可能となります。

❸ファンドに応募する

各事業者の募集中ファンドの中から、ファンド概要、リスク等を確認のうえ、投資申し込み手続きを行います。投資申し込みの手続きは全てサイト内で完結します。

ファンド応募の際には、事前に**契約成立前書面（重要事項説明書）**などの確認と同意が必要になります。

契約成立前書面のチェックポイント

契約成立前書面には、法律に基づく記載事項や、事業計画、ファンド個別の情報も記載されています。特に注意して確認したい箇所は、**契約期間に関する事項**です。

契約期間内に対象不動産全部の売却等が完了しない場合、事業者は契約期間を延長することができます。

この延長可能期間が1年や5年などファンドにより異なるため、しっかりと確認したうえで投資するようにしましょう。

投資したい金額を入力し、申込が完了すると申込完了画面が表示され、登録したメールアドレ

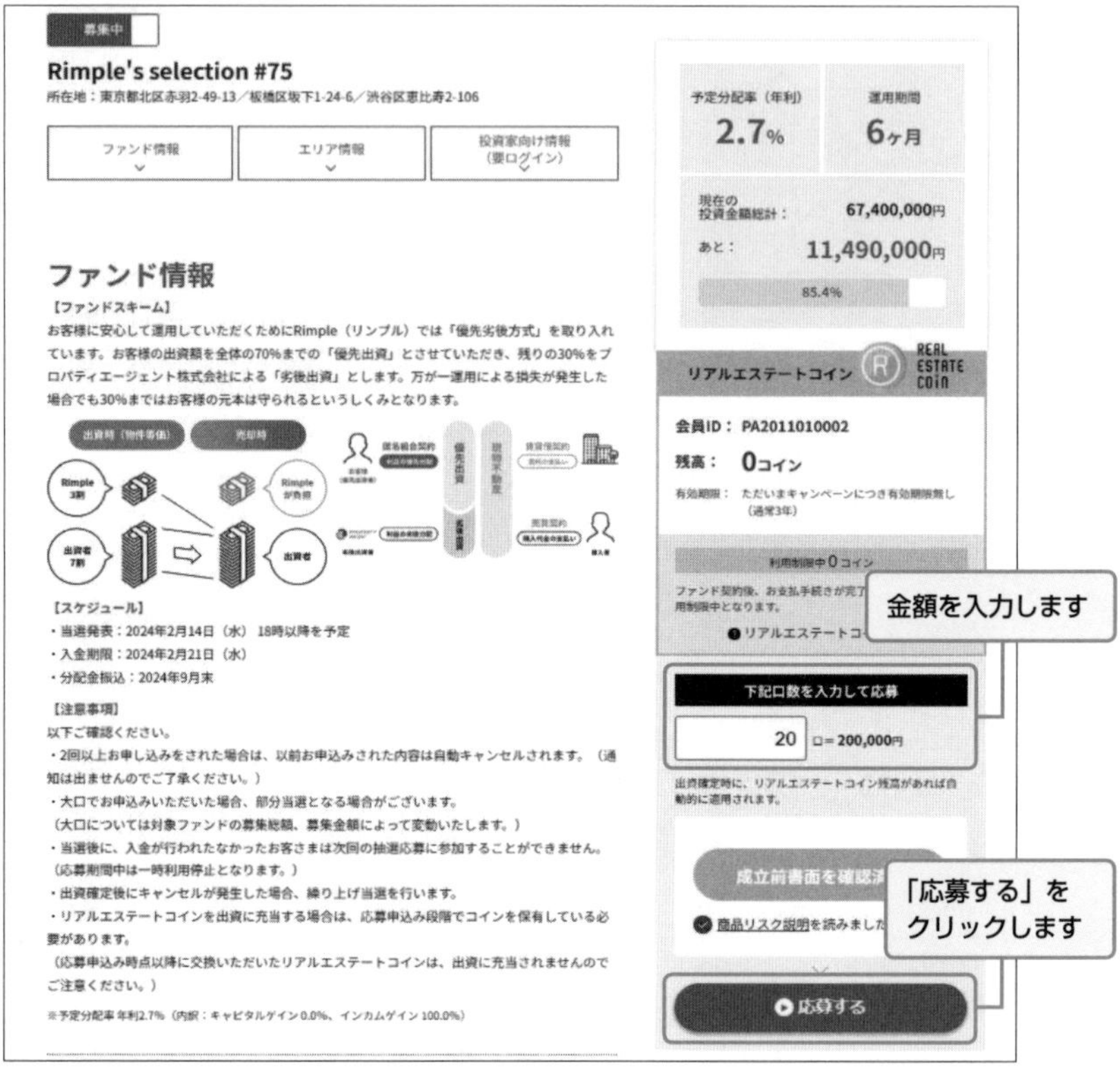

申込完了後

完了画面が表示され、事業者より登録したメールアドレスに「応募受付完了」メールが届く

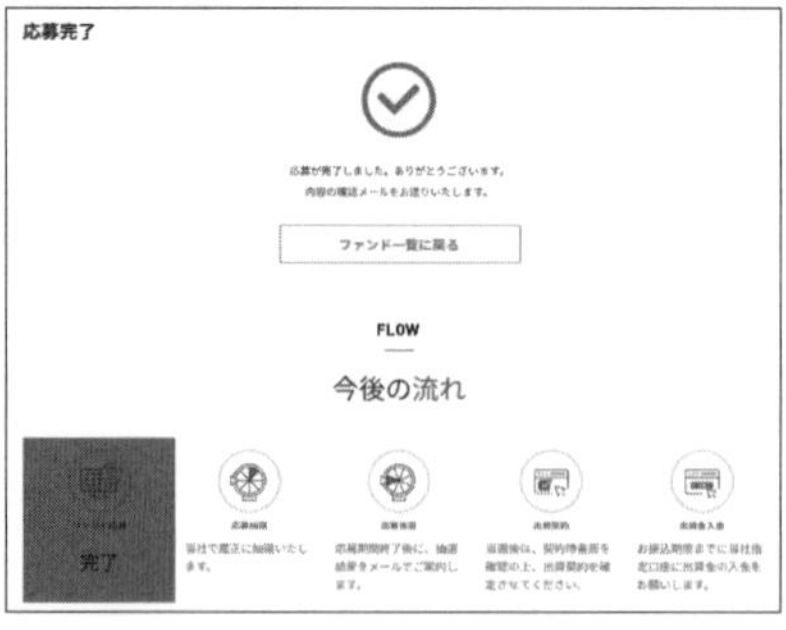

→

スへ申込内容が送られます。

ファンドの募集方式が先着方式で先着枠内であれば、ここで投資が完了します。

抽選方式の場合は、募集期間終了後に抽選を行い、当落結果はメールで送信されてきます。

❹事業者に入金する

事業者によって**事前入金（デポジット制）**と**投資確定後の入金方式**があります（次ページの表参照）。

事業者の指定する銀行口座に振込みで入金します。入出金には手数料がかかる場合がありますので、事前に確認しておきましょう。

振込先の口座番号などはしっかりと確認しましょう。違う口座に振り込んでしまうと、事業者と銀行に連絡し、組み戻しの手続きが必要となります。

❺分配金（配当金）と出資金の償還（返済）

ファンドに応じて分配金（配当金）と出資金が償還（返済）されます。

分配金が支払われるタイミングは、ファンドにより異なります。

分配金は雑所得となり、源泉徴収税20・42％（所得税＋復興特別所得税）を控除した金額となります。

3 投資は自己責任で

ファンドの内容をよく理解したうえで、投資申し込みを行います。

投資対象物件の情報、募集開始日時、想定利回り、運用期間、募集金額、分配金の支払い日、ファンドの仕組み、運用時のリスクなどを十分に確認し、投資判断を行ってください。

不明な点がある場合、募集開始まで時間があれば事業者に問い合わせることもできます。

1万円から投資できるファンドが多いので、**最初は少額から始めることを**おすすめします。

● 事業会社別の入金方式と最低投資金額、入金先銀行

事業者	入金方式	最低投資金額	入金先銀行
Rimple	投資確定後	1万円〜	三菱UFJ銀行
Jointo α	投資確定後	10万円〜	GMOあおぞらネット銀行
プレファン	投資確定後	1万円〜	GMOあおぞらネット銀行
property＋	事前入金	1万円〜	GMOあおぞらネット銀行
CREAL	事前入金	1万円〜	楽天銀行
bitREALTY	事前入金	10万円〜	三井住友銀行
信長ファンディング	投資確定後	1万円〜	GMOあおぞらネット銀行
TREC FUNDING	投資確定後	1万円〜	GMOあおぞらネット銀行
ALTERNA（不動産ST）	投資確定後	10万円〜	GMOあおぞらネット銀行

● 運用中と運用終了後に口座に振り込まれるお金の詳細

運用中	運用終了後
分配金	分配金と出資金の払い戻し

04 事業者やファンドを選ぶポイント

近年、不動産クラウドファンディングに参入する企業が増え、60社を超える事業者がサービスを提供しています。

投資先として**安全性が高い事業者を選ぶポイント**をご紹介いたします。

1 運営会社が上場企業かそのグループ会社

株式市場に上場している会社は、社会的な信用力があります。

上場していることで、情報開示や決算説明が求められているので、一般的にコンプライアンスも高くなります。

上場企業やそのグループ会社が運営する事業者を選べば、公平で透明性が高い情報が得られるので、安心して投資することができます。

この3つの条件を満たす事業者とファンドの中から、投資先を選ぶと選びやすいです！

TREC FUNDINGを運営するトーセイは、REITのトーセイ・リート投資法人（3451）もサポートしています。

また、CREALを運営するクリアルは、不動産クラウドファンディング事業をメインに上場した会社で、SBIホールディングスと資本業務提携を結んでいます。

ただし、上場しているからといって、その会社の信用が継続的に高く保たれるとは限らないことに留意が必要です。

2 十分な償還実績があること

不動産クラウドファンディングでは、事業者が不動産選定し運営と管理を行います。

そのため、事業者が**不動産への目利き**があり、**運営・管理能力**をもっていることが重要です。

● 上場企業が運営する主な不動産クラウドファンディング事業者一覧

事業者	運営会社	2023年償還実績数	劣後出資割合	マスターリース契約
Rimple	ミガロホールディングス（グループ会社）	24本	30%	なし
Jointo α	穴吹興産	3本	15%～20%	なし
プレファン	プレサンスコーポレーション（グループ会社）	15本	5%程度	ファンドによる
property+	飯田グループホールディングス（グループ会社）	6本	5%程度	あり
GALA FUNDING	FJネクストホールディングス	7本	30%	なし
CREAL	クリアル	14本	5%程度	あり
信長ファンディング	ウッドフレンズ	5本	30%	なし
TREC FUNDING	トーセイ	0本	5～25%	なし

過去にファンドを運営し、償還した実績があれば、問題なく運用できるノウハウがあると判断できます。

3 投資家保護がなされていること

不動産クラウドファンディングのファンドには、投資家保護を目的とした優先劣後出資とマスターリース契約の仕組みがあります。

これらの仕組みを採用する事業者を選ぶことで、安全性の高いファンドに出資できることになります。

特に事業者の劣後出資割合が高いファンドは、事業者として問題なく運用できる自信があるファンドと捉えることもできます。

4 投資対象の立地と形状を見極める

投資対象となる不動産が、利益を生む不動産かを見極める必要があります。

ファンドは、投資対象の物件が収益を生むかどうかで投資の成功が決まるからです。

投資におすすめの立地

- 東京都内、特に都心3区、都心6区
- 山手線の内側に位置する物件
- 主要都市（横浜、大阪、名古屋、京都、福岡、札幌）の最寄駅から徒歩10分以内の物件

立地や交通アクセスを確認する

不動産は立地が全てという人もいます。文字通り動かせないからです。

基本的には東京都内で、さらに山手線の内側に位置する物件は価値が下がりにくいと言えます。また、東京23区の中でも特に都心部である、千代田区、港区、中央区は「都心３区」と言われ、高い価値を維持しています。都心３区に渋谷区、新宿区、文京区を加えた「都心６区」も不動産価値が高いエリアとして分類されています。

これらのエリアは、人口減少の影響も軽微で、今後も多くの賃貸需要が見込めると予測されています。

東京都内以外でも、大都市の主要駅から徒歩10分以内のアクセスが良い物件は、価値が安定している傾向があります。

普段から路線価の動向など、不動産市況ニュースをチェックしていると、投資判断がしやすくなります。

賃貸物件の仲介サイトを定期的に見て、地域ごとの家賃相場を把握することもおすすめです。

土地勘のある地域への投資や、地域の分散投資をすることはリスク軽減につながります。

土地の形状は意外に重要ポイント

投資対象の土地の形状も確認しましょう。

長方形や正方形に近い土地形状の場合は問題ないですが、一部で**旗竿地**《はたざお》のような特殊な形状の土地もあります。

旗竿地とは、道路に接する出入口部分が細長く、奥にまとまった土地がある形状を指し、旗竿のように見えることからこのように呼ばれています。

特殊な形状のため、一般的に売買価格は低くなります。このような特殊な土地形状に立つ建物が投資対象の場合、売却相手が限られる場合があり、注意が必要です。

● 旗竿地

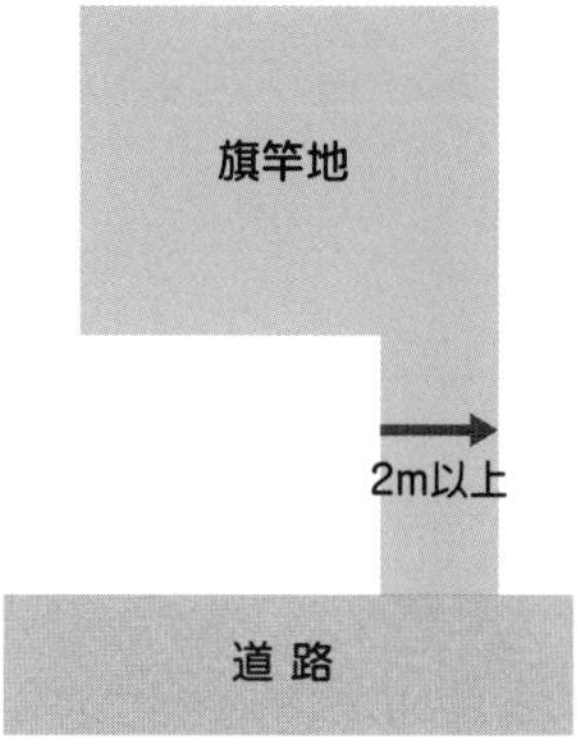

5 投資対象の築年数を確認する

築年数は売買価格に影響する

一般的に不動産は実物資産であるため、**築年数の経過とともに資産価値が下落する**傾向にあります。

家賃収益のみを分配金の原資とする**インカムゲイン型ファンド**の場合、築年数よりも**物件稼働率が重要**となります。

一方、売却が予定されている**キャピタルゲイン型ファンド**では、築年数は売買価格に影響を与えます。特に築古物件の売却は、売却価格に影響が出る可能性があります。

> **築古物件《ちくふるぶっけん》**
> 一般的には、築20年から30年以上の物件を築古物件と呼ぶ場合が多い

1998年以前の旧耐震基準の物件対象のファンドには注意

耐震基準とは、大きな地震にも建物が耐えられるように、建築基準法で定められた基準です。

日本において、耐震基準が大幅に見直されたのは、1978年の宮城沖地震後の1981年（昭和56年）6月の改正によるものです。

この改正により、1981年5月までに確認申請を受けた建物を旧耐震基準、同年6月から確認申請

● 新耐震基準と旧耐震基準の違い

耐震基準	震度５程度	震度６強程度
旧 耐震基準（1981年5月31日以前）	 倒壊・崩壊しない	特になし
新 耐震基準（1981年6月1日以降）	 軽微なひび割れ程度にとどまる	 倒壊・崩壊しない

を受けた建物は**新耐震基準**と呼ばれています。

この2つの基準には大きな差があり、1981年以前に建築された物件が投資対象になっている場合は、慎重に投資判断を行うべきです。

地震による損失リスクを軽減するためにも、**ファンドの対象物件の建築年**をしっかりと確認するようにしましょう。

6 間取りと面積、規模、用途に注意

間取りに関しては、**20平米ほどの狭いワンルームや1Kなど狭小物件が対象**になっているファンドには注意が必要です。

自分ならその部屋に住みたいかどうか、どういった人たちへの賃貸需要があるかを考えることも大切です。普段から賃貸のマーケット情報をチェックし、多くの物件を見ていると、物件の見る目が養われ判断がつきやすいです。

おすすめの投資対象の間取りは、一般的な1LDK〜2LDKです。

1LDKは40〜50㎡、2LDKは50〜70㎡が標準的な面積とされています。面積が標準以下の狭い部屋は、借り手が限られる可能性があるため、慎重に投資判断しましょう。

またマンション1棟が投資対象となっている場合は、できるだけ総戸数が多い**中規模以上のマンション**が投資対象として好ましいといえます。

■ マンション規模の分類

- 小規模…50戸以下
- 中規模…50～１００戸
- 大規模…１００戸以上

これは、規模が大きいほど1室の空室率への影響度が低くなるからです。

例）マンション内で2室が空室の場合の空室率

- 総戸数10戸の小規模マンション…空室率20%
- 総戸数１００戸の大規模マンション…空室率２%

空室率が高いと売却価格にも影響があるため、投資前に対象物件の内容をしっかり確認しましょう。

不動産の用途では住宅用途のファンドがおすすめ

不動産クラウドファンディングの投資対象は、マンションやアパートなどの住居が比較的多いものの、REIT同様にホテル、オフィス、物流施設、商業施設、ヘルスケアに投資するファンドもあります。

不動産クラウドファンディングの不動産用途別のおすすめ順は、以下の通りです。

住宅（マンション）＞物流施設＞オフィス＞ホテル＞商業施設

マンションに投資するファンド以外は、1つの物件を運用するファンドが多いため、**ファンド内でのリスク分散効果は限定的**です。

ホテルファンドを例にすると、REITのように複数のホテルを所有して運用する形であれば、個々のホテルの運用結果の影響度は低くなります。

しかし投資対象のホテルが1つだけの場合、このホテルの運用がファンドの結果に直結するため不確実性が高くなります。

不動産クラウドファンディングに投資する場合、生活に必要で景気の影響を受けにくく、土地や建物の価値を算出しやすい**住宅ファンドのみに投資する手法がおすすめ**です。

1つの物件を対象とするファンドが多いので、リスクを分散させる方法としては、複数のファンドを購入する方法もあります！

物流施設やホテル、オフィスなどへの投資はREITを検討すると良いでしょう。

7 運用期間の長短によるリスク

運用期間については、3つの期間に分けて考えることができます。

短期間	6ヶ月未満の運用期間
中期間	6ヶ月〜12ヶ月までの運用期間
長期間	13ヶ月以上の運用期間

リスクの低さは、短期間＞中期間＞長期間　と考えます。

運用が長期間のファンドのメリットは、ひとつのファンドで**長い期間にわたり分配金がもらえる**可能性があることです。

逆に**短期間のファンド**はリスクが低いものの、6ヶ月未満に償還され、**投資効率が悪い**というデメリットがあります。

しかし、長期のファンドは運用期間中に、経済状況の急変による景気悪化から不動産価格が下落する、天災が起こる、事業者の信頼性や継続性に疑問が出るなどの問題が起こる可能性があります。短期の運用期間のファンドと比べた場合、予期せぬ出来事が起こる確率は高くなります。

数年前に感染症の流行で、世界中の経済状況が急変することを事前に予測できた人はほぼいないと思います。投資期間中には、予測できない事態が起こる可能性があるということを理解しておく必要があります。

運用期間の異なるファンドを組み合わせることでも、リスク分散がはかれます。

8 情報が開示されているか？

ファンドの**概要や不動産情報が詳細に開示されているか**は重要なポイントです。

不動産クラウドファンディングは、事業者が不動産を購入し管理と運営を行うので、仕組みはシンプルです。

しかし、ファンドによってはこのような仕組みをとっておらず、お金の流れが異なる場合や、事業者以外の関係者が多いなどの場合もあります。ファンド概要をしっかりと確認することが大切です。

物件の内装写真や詳しい立地はもちろん、収支のシ

● Rimple のファンド情報

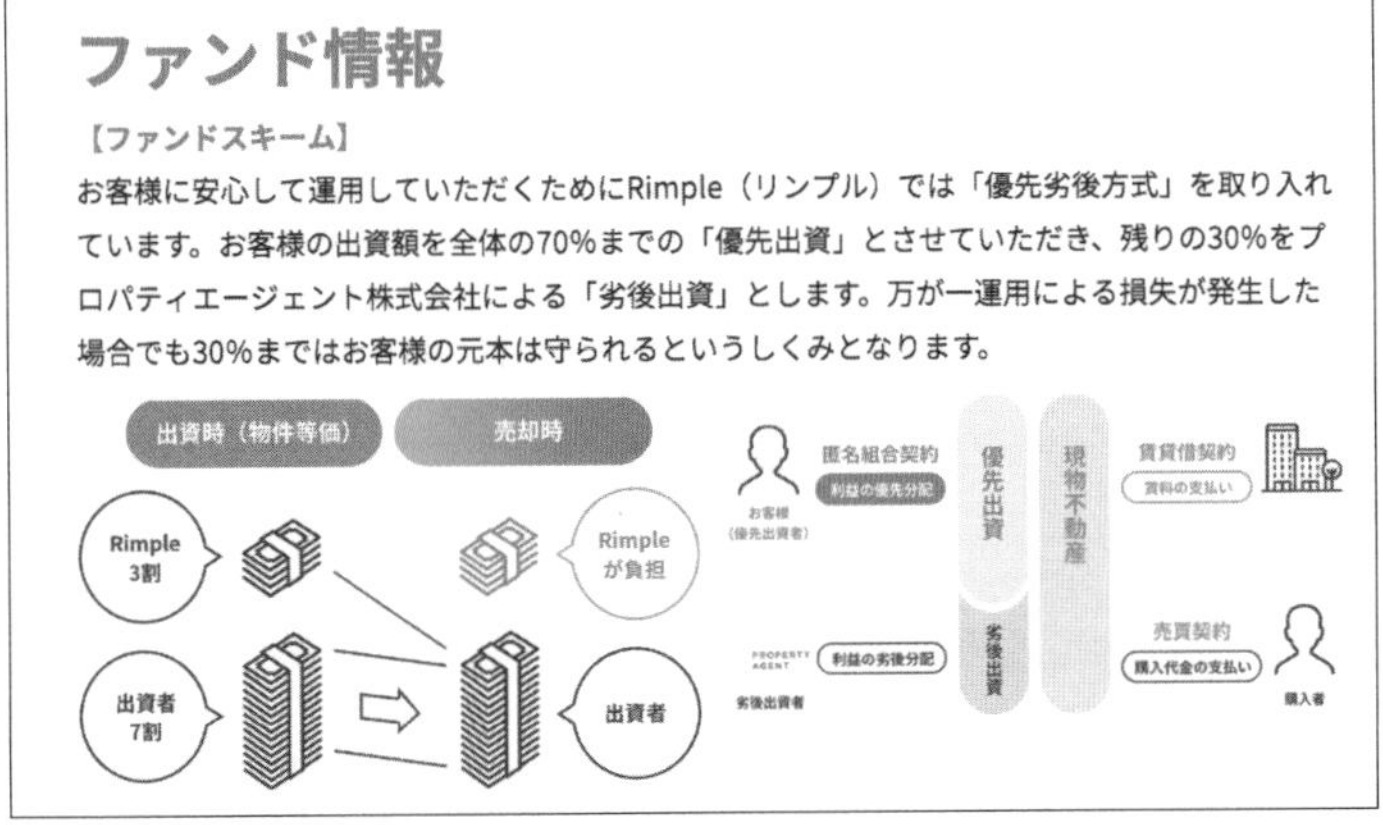
ファンド情報
【ファンドスキーム】
お客様に安心して運用していただくためにRimple（リンプル）では「優先劣後方式」を取り入れています。お客様の出資額を全体の70%までの「優先出資」とさせていただき、残りの30%をプロパティエージェント株式会社による「劣後出資」とします。万が一運用による損失が発生した場合でも30%まではお客様の元本は守られるというしくみとなります。
出資時（物件等価）
売却時
Rimple 3割
Rimple が負担
出資者 7割
出資者
匿名組合契約
利益の優先分配
お客様（優先出資者）
優先出資
劣後出資
現物不動産
賃貸借契約
賃料の支払い
売買契約
購入代金の支払い
PROPERTY AGENT
利益の劣後分配
劣後出資者
購入者

出典：https://funding.propertyagent.co.jp/funds/detail/77#fund

ミュレーションも詳細に載っている物件の方が投資判断がつきやすいです。

私は事業者が開示している情報をもとに、その物件の平均家賃や過去の売買履歴を確認し、投資判断をしております。自分なりの投資基準を持って投資判断することが大切です。

9 利回りが高いファンドはリスクも高い！

ファンドの利回りが高いほど得られる利益は多くなります。利回りは高いほうが良いですが、投資全般に言えることとして、**利回りが高くなればリスクも高くなります。**「**リスクとリターン比例する**」これは投資全般において必ずあてはまるセオリーです。

例えば、利回りが2％のファンドと8％のファンドがあった場合、2％のファンドの方がリスクは低く、万が一の時でも、元本が回収できる可能性が高いと言えます。利回り2％のファンドに投資して別の利回り8％のファンドにも投資し、平均利回りを5％にしようという考え方もありますが、これは分散ではなくポートフォリオ全体のリスクを増やすことになり、おすすめできません。

利回り8％の投資は、8％の損失を出す可能性があると考えた方が良いと思います。

ファンド選びに迷ったら、**クラウドファンディング比較サイトを参考にする**のも良いでしょう。

● **不動産クラウドファンディング比較サイト「トチクモ」**
https://kumo-funding.com/

05 ファンドの当選確率を上げ安全性を保つコツとは？

1 不動産クラウドファンディングのファンド募集は「先着方式」と「抽選方式」の2つがある

不動産クラウドファンディングのファンドには、事業者やファンドにより「先着方式」と「抽選方式」があります。

先着方式 募集開始から先着順で投資を受け付け、応募額に達した時点で募集が終了。人気のファンドは、応募開始から数秒で完売するケースもある

抽選方式 募集期間中はいつでも応募でき、募集終了後に抽選になる。当選した場合のみ投資ができる

最近は、不動産クラウドファンディングの人気が高くなり、**抽選方式のファンドが増えています。**

事業者やファンドによっては、応募できる金額に上限がある場合もあります。募集金額が少ないファンドは、抽選倍率が10倍以上になることもあり、「なかなか当たらない…」と感じる人も多いでしょう。

2 複数の事業者に口座開設しよう

当選確率を上げるには、利用する事業者を1社や2社に絞るのではなく、**多くの事業者に口座開設することが**重要です。**10社程度を目安に事業者に口座開設**し、多くのファンドに応募することで当選する可能性が上がり、機会損失リスクを減らすことができます。

3 知られていない裏ワザ「部分当選」を狙おう！

事業者やファンドによっては満額投資できない**部分当選**で当選する場合があります。

例えば、ある抽選方式のファンドに100万円申し込んだときには、**満額の100万円当選**する場合と、**部分当選として20万円当選**する場合もあります。

部分当選は、申込額が多いほど当選確率が上がるので、**満額当選した場合に用意できる資金の**

上限で申し込む方が有利になります。これは案外知られていない裏ワザです。

4 先着方式募集のファンドを組み合わせる

抽選は時の運なので、連続して当選するときも、全く当たらないときもあります。投資できずに資金が待機されている期間が長いと投資効率が下がってしまいます。

この場合は、抽選方式のファンドだけでなく、**先着方式**で募集金額が多く、比較的投資しやすいファンドに投資することを検討しても良いと思います。

先着方式募集のメリットは、募集上限に達する前に申込みを完了できれば、その時点で投資が確定する点です。投資できるかどうか不確定要素がある抽選方式に比べ、**資金計画を容易に立てられるメリット**があります。

しかし、先着方式で人気のファンドは、数秒で完売になる場合や、サーバーが重たくなり投資画面にさえ行きつけない可能性があります。

平日の昼から募集が始まるファンドは比較的投資しやすいので、時間の取れる人は計画的に参加することをオススメします。

先着方式のファンドは、抽選方式とうまく組み合わせることで投資効率を高めることができます。

5 分散投資はやはり大切！

不動産クラウドファンディングにおいて複数のファンドで運用する場合、他の投資と同様に**分散投資が重要**です。

不動産クラウドファンディングのファンド対象は、東京や関東圏の物件が多い傾向にあります。投資している地域が偏っていると、**天災リスクが高く**なります。

また、事業者が万が一破綻した場合も想定して、**事業者の分散**も必要です。

●分散投資例

- **事業者Aの東京都内の物件 ＋ 事業者Bの愛知県の物件**
- **事業者Cの運用期間6か月のファンド ＋ 事業者Dの運用期間24か月のファンド**
- **事業者Eのインカムゲイン型ファンド ＋ 事業者Fのキャピタルゲイン型ファンド**

事業者、**投資対象地域**、**運用期間**、**ファンド収益**の種類を分けて投資することで、不動産クラウドファンディング内でもリスク分散された安定したポートフォリオを作ることができます。

6時限目
安定した資産を築くための投資戦略と資産配分法

安定した資産配分を形成することで、配当などの収入が安定します。どのように管理していけば良いかみていきましょう。

01 安定性の高い資産配分とは？

1 アセット・アロケーションとは？

アセット・アロケーション（資産配分）とは、運用する資金を国内外の株や債券などにどのような割合で投資するのかを決めることをいいます。

これらの資産は、現金、株式、債券、投資信託、不動産など、さまざまな投資商品を含みます。

アセット・アロケーションを管理することは、リスクを抑えてリターンを最大化するために必要な投資戦略です。

株式投資においては、投資する銘柄、投資するタイミングよりも、どの資産に投資するかの選択が、長期リターンに与える影響の90％近くを占めるという研究があります。

自身の資金量、投資目標、リスク許容度、年齢、投資期間に応じ、資産の配分を設定しておくことが、長期投資においては最も重要なことになります。

また、自身の投資目標も、年齢、家族構成、収入状況など、ライフプランの変化により変わることがあります。景気上昇で株式の資産が相対的に増えたり、景気悪化で株式の資産が相対的に減るなど、時間の経過とともに資産バランスが崩れてきます。

このような場合には、想定していた元の資産バランスに戻すように増えた株式を売却する、減った債券を買い増す、または他の資産を増やすなどして、定期的に**資産配分のリバランス**を行います。

2 資産の配分を最適にするには？

資産全体のなかで各々の資産をどのくらいに設定するかは、**投資目標**、**リスク許容度**、**投資期間**によって異なってきます。

次のポイントに注意して管理することで、リスクを抑えリターンを追求できる、安定したアセット・アロケーションを構築できます。

● リバランスの一例

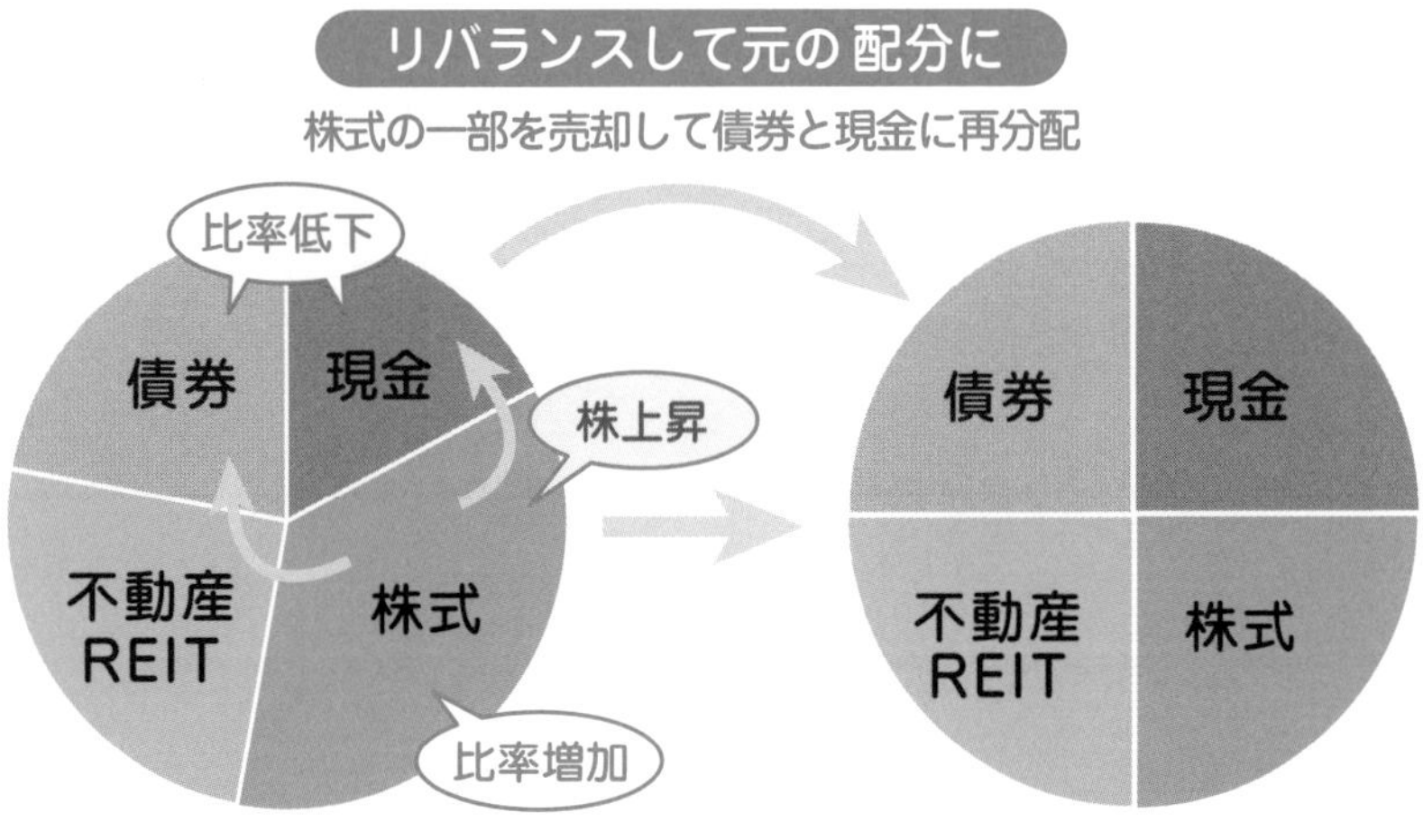
リバランスして元の配分に
株式の一部を売却して債券と現金に再分配
比率低下
債券
現金
株上昇
不動産
REIT
株式
比率増加
債券
現金
不動産
REIT
株式

保有する資産を分散させる

保有する資産を、さまざまな種類の資産（現金、株式、投資信託、債券、不動産など）に分散させることがリスクを低下させます。

例えば、株式と不動産商品の価格は、異なる要因で変動するので、一方が上がれば一方は下がるというようにリスクの分散がはかれます。

つまり、値動きが異なる資産を組み合わせて保有することで、大きな損失を防ぐことができます。

一部の商品が損失になっている場合でも、**他の商品が補うことでリスクヘッジ**になります。

3 リスクとリターンのバランスをとる

投資で高いリターンを得るためには、相応のリスクを受け入れる必要があります。

● 金融商品別リスクとリターン

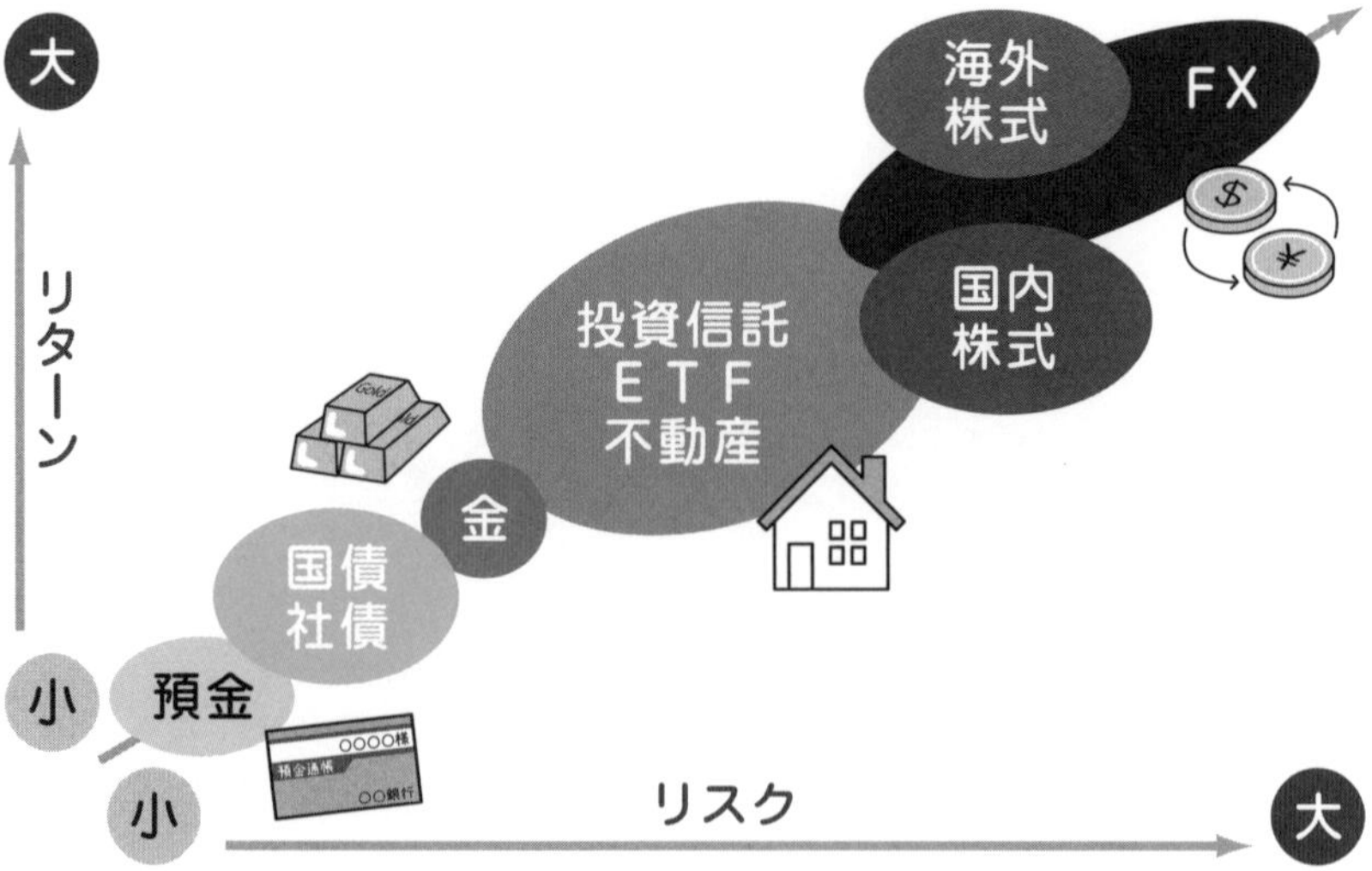

しかし、リスクが高すぎると、大きな損失を被る可能性があります。**リスクとリターンのバランスを適切に取る**ことが重要です。

その金融商品が持つ特性、メリット・デメリットを正しく理解し、自分に合った組み合わせを考えることが大切です。

おすすめの組み合わせ例は、１０００万円＋利子までは元本保証で安心な**預金**と、**株式・投資信託**を組み合わせ、そこに**不動産への投資商品**（ＲＥＩＴ・不動産クラウドファンディング）を追加する資産配分です。

株式や株価指数に連動する投資信託を保有している場合には、株式市場の影響を受けづらい不動産に投資する商品を保有することで、分散効果が期待できる資産配分となります。

長期投資を心がけ安定したリターンを

短期的な価格変動で利益を得る株の個別銘柄やＦＸのような通貨資産は、一時的に大きなリターンを期待できる一方、大きな損失の可能性もあり、ハイリスク・ハイリターンの投資になります。

保有した資産の売買は安易に行わない長期投資を心がけると、安定したリターンが期待できます。

キャピタルゲインよりも、**配当金や分配金のインカムゲイン中心のポートフォリオをつくる**ことで、一定の収益を確保できるため、継続的に投資することができます。

02 長期的な資産運用の投資戦略とは？

1 保有資産の適正な配分割合は？

適正な現金比率は、投資目標やライフプラン、収入などにより大きく異なってきます。

将来FIREを目指しているのであれば、リスクをとって生活費以外の余剰資金はすべて投資に回すことが望ましいと言えます。

投資の目的が、老後の備えや将来的な少しの豊かさであれば、**貯蓄と投資の運用のバランスを取ること**が大切です。

次のような現金、株式、不動産商品の配分は、リスクとリターンの**安定性を重視した資産バランス**といえます。

● 現金と投資資金の適正な割合

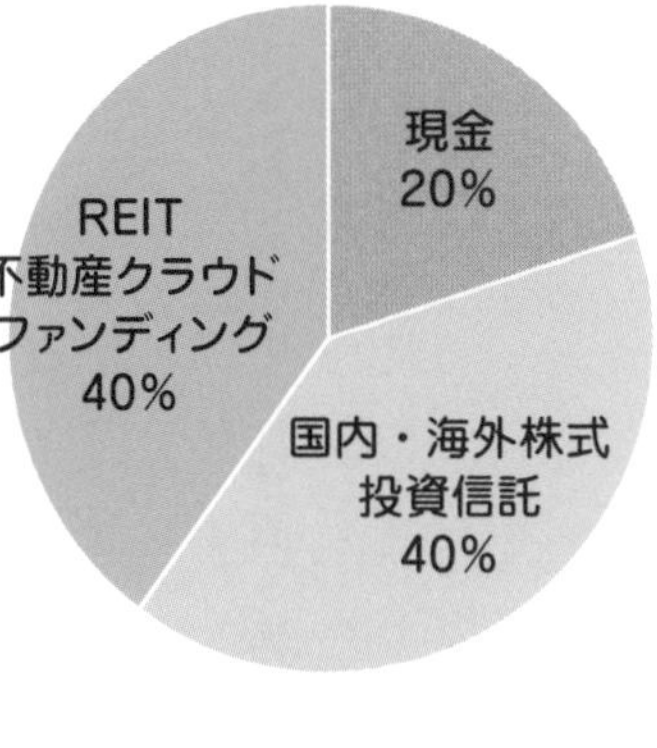

例
現金：20%
国内・海外株式や投資信託：40%
不動産投資商品（REIT・不動産クラウドファンディング）：40%

ポイントは、値上がり益（キャピタルゲイン）を期待する商品の割合を多くするのではなく、**インカムゲイン（配当・分配金）を安定的に得られる商品を組み入れたポートフォリオ**を構築することです。

株式の投資信託とREITは、ともに価格変動がありますが、**値動きの相関性が小さい**とされており、分散効果が期待できます。

不動産投資商品の中に、価格変動のない不動産クラウドファンディングを組み合わせると、より安定性がある資産配分を構築できます。

2 「生活防衛資金」は毎月の生活費の6ヶ月分

生活防衛資金とは、事故、病気、失業など万が一のトラブルに備えるために、保管しておくお金のことです。日常生活の中で、急にまとまったお金が必要になることは多くあります。

例えば、自分や家族の突然の病気やケガ、自然災害、勤務先会社の倒産や失業などが挙げられます。保険に加入していても、保険金の受け取りまでに時間がかかる場合や、保険ですべてカバーできないケースもあります。

生活防衛資金は、個人のライフスタイルによって異なりますが、**毎月の生活費の6ヶ月分**を確保しておきたいです。

生活防衛費を確保したうえで、余剰資金を投資に振り分けることで、万が一の場合でも日常生活に支障をきたさず安定した資産運用ができます。

3 つまらない投資こそ安定した資産形成につながる

保有銘柄の価格変動に、毎日一喜一憂することも投資の醍醐味かもしれませんが、精神的に疲れてしまうこともあります。

分配金が定期的にもらえるＲＥＩＴや、価格変動のない不動産クラウドファンディングへの投資は、投資後には基本的にやることがありません。人によってはつまらない投資と感じるかもしれません。

しかし、このつまらない投資こそ、安定した資産形成ができる投資だと感じています。精神的に楽な投資をポートフォリオに組み入れることも分散投資の一つの手法です。

最近はインフレにより、貯金などでお金を寝かせているだけでは、実質的に資産価値が目減りしていく時代です。

銀行に預けたお金の価値がなにもせずに減っていくのであれば、預貯金は投資に振り向けるべきです。投資を継続的にすることが日常になれば、投資は特別なものではないと気付くはずです。

投資を正しく理解し、**良い商品に投資できれば、長期的に安定した不労所得を得る**ことができます。

4 REITによる長期積立投資は複利効果でどんどん増える

投資で最も知っておきたい考え方の一つが**複利運用**です。

複利というのは、投資によって**得られた利益を元本に足して再投資**することです。特に投資期間が長期になるほど複利効果の力が大きくなり、単利での運用との差は大きくなります。

特に、ＲＥＩＴの投資信託を毎月積み立て、長期にわたって運用する場合などにその差を実感するでしょう。

● 複利効果のイメージ

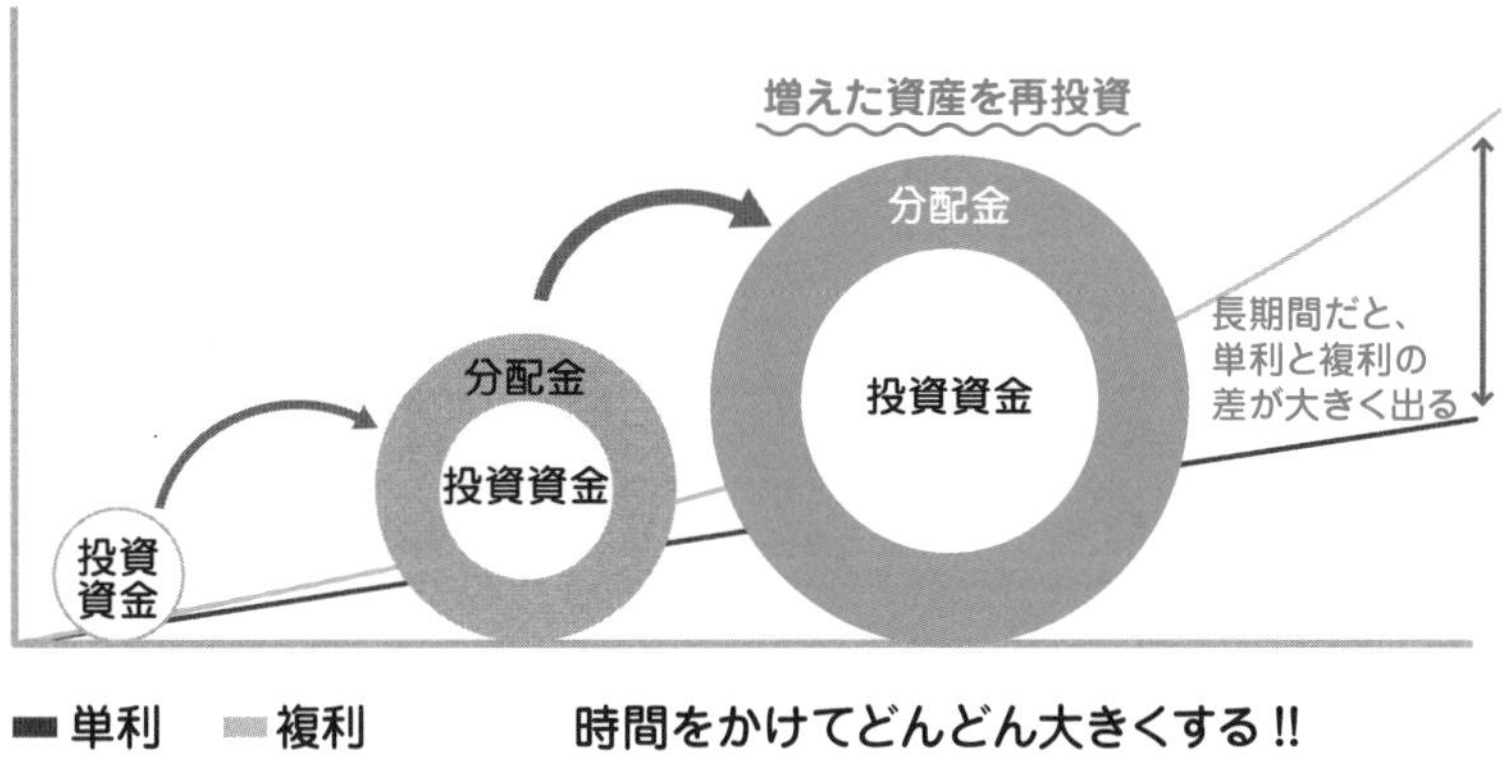

毎月2万円を複利3％で10年積み立てると

毎月2万円ずつ年利3％で複利で運用した場合をみてみましょう。

10年後には元本の15％近くの利益が出ています。

毎年、分配金を受け取れば、それを生活費に回したり自分の趣味に使うことができます。

一方、分配金を受け取らずに再投資して複利運用することで、将来さらに多くの利益が生まれます。

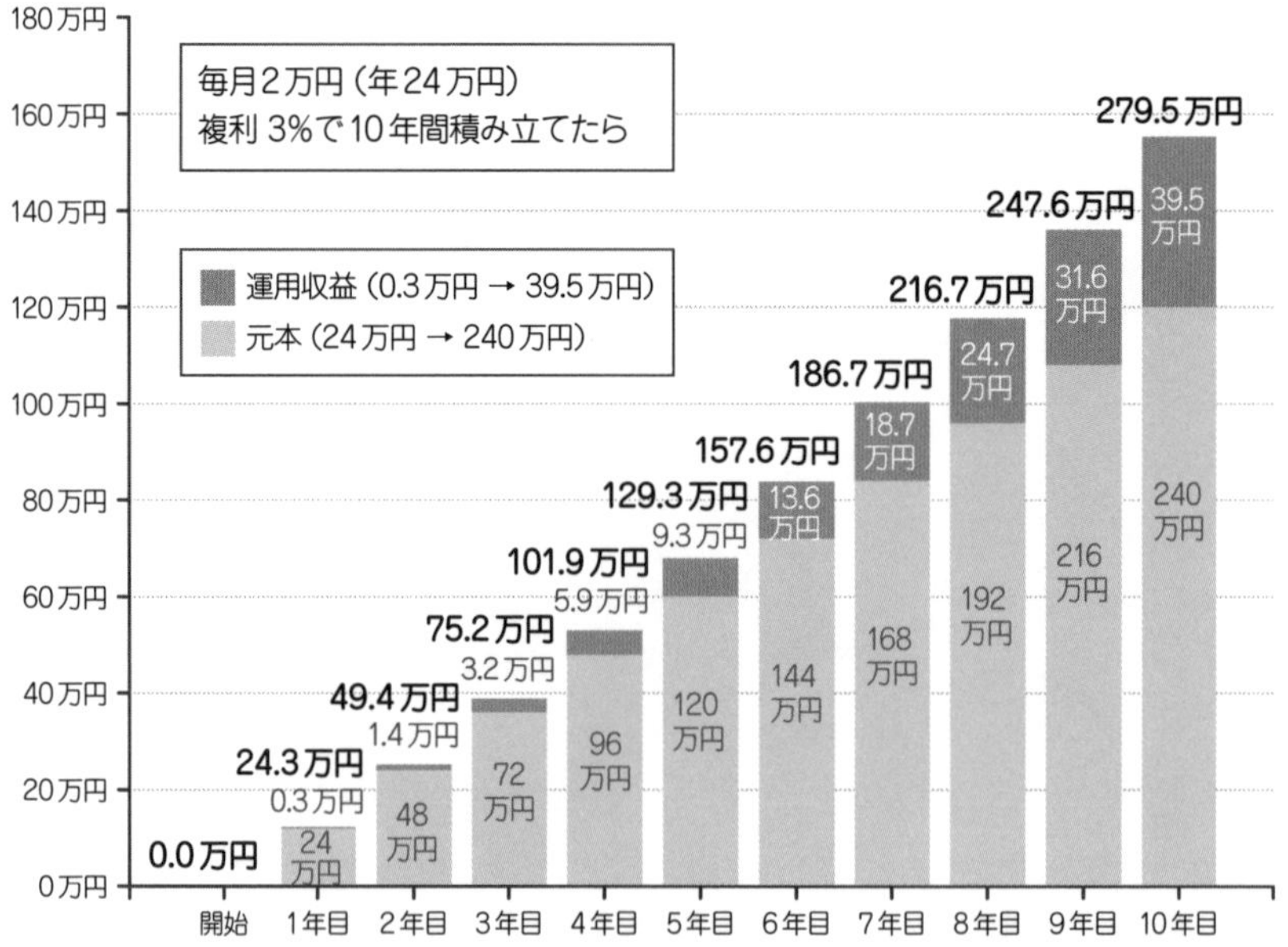

毎月2万円（年24万円）
複利 3%で10年間積み立てたら
運用収益（0.3万円 → 39.5万円）
元本（24万円 → 240万円）
180万円
160万円
140万円
120万円
100万円
80万円
60万円
40万円
20万円
0万円
0.0万円
24.3万円
0.3万円
24万円
49.4万円
1.4万円
48万円
75.2万円
3.2万円
72万円
101.9万円
5.9万円
96万円
129.3万円
9.3万円
120万円
157.6万円
13.6万円
144万円
186.7万円
18.7万円
168万円
216.7万円
24.7万円
192万円
247.6万円
31.6万円
216万円
279.5万円
39.5万円
240万円
開始
1年目
2年目
3年目
4年目
5年目
6年目
7年目
8年目
9年目
10年目

03 景気動向と銘柄入れ替えのノウハウ

1 REITの調整は分配金の安定性で

REIT個別銘柄の魅力は、分配金の安定性にあります。REITの投資法人は収益の90%以上を分配するため、無配にはなりにくい特性があります。

しかし、景気後退や金利上昇などからテナントの撤退や家賃の引き下げ、不動産価格の下落が起こると、分配金の減配や投資口価格の下落につながる場合もあります。

このような場合には、景気への依存が少ない銘柄に入れ替えを行います。

保有中のREIT銘柄の分配金の推移を常に確認し、安定して分配されているかをチェックしましょう。

景気に左右されやすいかは用途によって決まる

オフィスとホテルは景気に左右される

オフィス、ホテルを主体に投資するREIT銘柄は、**景気に左右されやすい傾向**があります。

また、景気が悪くなると、個人消費も鈍るため、投資対象が**商業施設の銘柄も減配のリスク**があります。

レジデンスは景気に左右されづらい

一方で、レジデンス（住宅）を投資主体とする銘柄は、**景気や不動産価格の下落に影響を受けにくい傾向**があります。

住宅の運用が安定しているのは、**家賃の下方硬直性**があり、一定の水準以下に下落しづらい性質を持っているためです。

不景気などの要因で不動産価格の下落が起こっても、家賃の引き下げがすぐに発生することはありません。

また、家賃引き下げがあったとしても、下限があり一定水準以下にはなりません。

● REIT運用資産別の特徴

不動産用途	投資地域	影響される主な要因	メリット	デメリット
オフィス	主要都市の中心部	景気、働き方	不動産投資市場で実績があり、取引規模も大きい	契約期間は2年程度が多く、景気後退時には退去・賃料引き下げリスクが大きい
ホテル	全国の高級ホテル・旅館	景気、為替	コロナ後は円安もあり、インバウンド需要が旺盛	最も景気の影響を受けやすく、天候など季節変動でも稼働率や客単価が左右される
商業施設	都市型、郊外型	個人消費、人口減少	景気が良いときは、賃料値上げが見込める	賃料は店舗売上連動の部分もあり、個人消費の影響に左右されやすく、テナントの入れ替えが激しい
レジデンス	大都市や地方のマンション	不動産価格、人口減少	景気と家賃はすぐに連動しないため、稼働率が安定しており低リスク	他の用途に比べ、賃料水準が低く規模が小さい
物流施設	空港、港、高速道路のIC周辺など	個人消費、物流施設の供給数	長期契約により、テナントの入れ替えが少なく安定している	現在のテナントが退去した場合、次が見つかりにくい

また、生活に必要不可欠な住宅は、**短期的に極端な需要減になることはありません。**

このように住宅の家賃は、オフィスの家賃と比較すると長期でも変動幅が小さく、リスクが少ないといえます。

住宅を投資主体とするＲＥＩＴは、複数の物件を運用しており、部屋単位の契約をしています。その契約時期も部屋ごとに異なるため、**一斉に空室が発生するリスクが低い**ことも安定性に繋がっています。

2 景気衰退局面に最適なＲＥＩＴ銘柄

景気後退や不動産価格が下落に転じた時は、オフィス、ホテル、商業施設のＲＥＩＴ銘柄を売却し、**住宅主体のＲＥＩＴに入れ替える**ことで、リスクを低減できます。

■3226 日本アコモデーションファンド投資法人

日本アコモデーションファンド投資法人は、**三井不動産のサポートを受ける住宅主体型ＲＥＩＴ銘柄**です。

日本の中でも特別な価値を有する、**東京23区への投資割合を80％以上**と定めています。

所有物件は１３０以上あり、分散効果も期待でき、格付は、ＡＡ－安定的（Ｒ＆Ｉ）です。

■3269 アドバンス・レジデンス投資法人

アドバンス・レジデンス投資法人は、**伊藤忠グループのサポートを受ける住宅特化型ＲＥＩＴ**

銘柄です。

住宅特化型のREITの中で最大の資産規模で、所有物件数は130以上です。東京23区への投資比率は70%以上で、格付はAA安定的（JCR）です。

■ 3282 コンフォリア・レジデンシャル投資法人

コンフォリア・レジデンシャル投資法人は、東急不動産のサポートを受ける住宅主体型REIT銘柄です。

所有物件は140以上で、その90%ほどが東京圏の物件です。格付はAA安定的（JCR）です。

■ 8986 大和証券リビング投資法人

大和証券リビング投資法人は、大和証券グループのサポートを受ける住宅とヘルスケア施設の複合型REIT銘柄です。

投資割合は、住宅70%、ヘルスケア施設30%です。住宅は他の住宅主体REITと比べると、東京集中ではなく、近畿や中部地方に分散されています。格付は、AA－ポジティブ（JCR）です。

● 景気衰退局面でのポートフォリオ調整に最適なREIT銘柄例（2024/3/1 現在）

証券コード	投資法人	投資口価格（円）	分配金利回り	時価総額（百万円）	決算月	運用資産
3226	日本アコモデーションファンド投資法人	566,000	3.84%	284,965	2月、8月	住宅
3269	アドバンス・レジデンス投資法人	305,000	3.87%	437,065	1月、7月	住宅
3282	コンフォリア・レジデンシャル投資法人	282,400	4.01%	214,015	1月、7月	住宅
3283	日本プロロジスリート投資法人	248,200	4.10%	704,615	5月、11月	物流施設
8986	大和証券リビング投資法人	100,000	4.60%	240,689	3月、9月	複合型（住宅70%・ヘルスケア30%）

■3283 日本プロロジスリート投資法人

日本プロロジスリート投資法人は、**プロロジス・グループのサポートを受ける物流施設特化型REIT銘柄**です。プロロジスは、ニューヨーク証券取引所に上場する世界最大規模の物流施設開発・運営会社です。

物流施設の投資エリアは、**関東と関西エリアで70％以上**になっています。格付は、AA＋安定的（JCR）です。

3 景気回復局面に最適なREIT銘柄

景気回復、景気拡大局面には、賃料収入のアップが期待できる**オフィスとホテルのREIT銘柄を組み入れる**ことで、利益を最大化できる可能性があります。

保有中の銘柄は売却せずそのまま保有し、余力資金がある場合に、新たに組み入れることが望ましいです。

オフィスビルのテナントである企業は、業績に応じてオフィスのスペースを増減する傾向があります。

また、景気回復や拡大に連動し、**賃料の上昇が期待できます。**

ホテルも景気に連動し、素早く宿泊料金をアップすることが可能です。ホテルは国内需要に加え、インバウンド需要が旺盛になり、客単価アップも期待できます。

■8951　日本ビルファンド投資法人

日本ビルファンド投資法人は、**三井不動産のサポートを受けるオフィスビル特化型REIT銘柄**です。

2001年9月にREITとして初めて上場した歴史ある代表格の銘柄で、時価総額も最大の規模を誇ります。

ポートフォリオは東京都心部の大型オフィスビルが中心で、格付けはAA＋安定的（JCR）です。

■8952　ジャパンリアルエステイト投資法人

ジャパンリアルエステイト投資法人は、**三菱地所のサポートを受けるオフィスビル特化型REIT銘柄**です。

日本ビルファンド投資法人と同じく、日本初の上場REIT銘柄のひとつです。丸の内のオフィスビルを中心に、都心5区の投資比率が70％弱で、格付けはAA＋安定的（JCR）です。

■8985　ジャパン・ホテル・リート投資法人

ジャパン・ホテル・リート投資法人は、シンガポールに本社を置き世界的に不動産投資ファンドを運用する**SC CAPITAL PARTNERSをメインに、共立メンテナンスとオリックスにもサポートを受けるホテル特化型REIT銘柄**です。

旗艦物件「**ヒルトン東京お台場**」を中心に、「**オリエンタルホテル 東京ベイ**」など有名なホテルを所有しています。格付けはA＋安定的（JCR）です。

■ 3472 日本ホテル&レジデンシャル投資法人

日本ホテル&レジデンシャル投資法人は、**ホテル運営のアパホールディングスのサポートを受けるホテル主体REIT銘柄**です。

2024年2月27日に「大江戸温泉リート投資法人」から商号変更し、今後が注目される銘柄です。温泉・温浴関連施設の大江戸温泉物語を所有するユニークな銘柄です。格付けは今のところされていません。

4 不動産クラウドファンディングのポートフォリオ調整方法

不動産クラウドファンディングは、運用期間があらかじめ決まっているという特徴があります。

投資前から投資の出口が決定していることで、資金計画が容易に立てられるメリットがあります。

運用期間が6~12ヶ月のファンドが中心となる不動産クラウドファンディングは、株式やREITが想定する投資期間と比

● 景気回復局面でのポートフォリオ調整に最適なREIT銘柄例(2024/3/1現在)

証券コード	投資法人	投資口価格(円)	分配金利回り	時価総額(百万円)	決算月	運用資産
3472	日本ホテル&レジデンシャル投資法人	75,000	4.22%	17,651	5月、11月	ホテル(温泉関連施設中心)
8951	日本ビルファンド投資法人	581,000	4.22%	988,276	6月、12月	オフィスビル
8952	ジャパンリアルエステイト投資法人	540,000	4.26%	768,347	3月、9月	オフィスビル
8985	ジャパン・ホテル・リート投資法人	71,700	5.19%	332,473	12月	ホテル

べると短いため、投資資金を効率よく回転させることができる投資商品と考えることができます。投資しているファンドが償還された際に、そのときの株式や不動産市況を読みながら次の投資を検討することができます。

景気後退や金利上昇から不動産価格の下落が予想される際にも、ファンドを選ぶ基準を見直すことで、リスク要因からの影響を受けにくくできます。具体的な方法は次の通りです。

先着方式で投資対象はレジデンス、運用期間が短いインカムゲイン型ファンドを選ぶ

不動産クラウドファンディングは、6ヶ月程度の短期運用から24ヶ月以上の長期運用ファンドがあり、投資家が自身でファンドを選ぶことができます。

不動産市況に陰りが見え、不動産価格の下落が予想される際には、6ヶ月以内の**短期運用のファンドに投資**することで、リスクを軽減することができます。

また、ＲＥＩＴのリバランス方法で説明したように、賃貸住宅の家賃には下方硬直性があります。

投資対象がレジデンスのファンドを選び、さらに分配金原資を家賃収入のみとする「**インカムゲイン型ファンド**」に投資することで、将来的な売却額の減少リスクを抑えることができます。

優先劣後出資割合20％以上の案件で安定した分配金が得られる

不動産クラウドファンディングの特徴は、投資家を保護する仕組みとして**優先劣後出資**が採用されていることです。事業者が投資する劣後出資割合が高いほど、安全性が高いファンドと考えることができます。

例えば、劣後出資割合が5％のファンドの場合、運用損や売却損が5％以上となった際には、分配金の減額や元本棄損のリスクが発生します。

劣後出資は、事業者やファンドにより異なりますが、**劣後出資割合20％以上のファンド**を選ぶことで、**不動産価格下落の際も安定した分配金を得られる可能性を高める**ことができます。

過去に償還実績のある物件を選ぶ

不動産クラウドファンディングの事業者の中には、過去にも投資対象になっており、**無事に償還した物件を再度投資対象とするファンド**があります。

● ポートフォリオの調整に最適な不動産クラウドファンディング事業者（2023年実績）

事業者	平均利回り	平均運用期間	平均募集額	年間募集ファンド本数
Rimple	3.04%	6ヶ月	7,731万円	22
Jointo α	2.63%	10.5ヶ月	47,730万円	4
GALA FUNDING	3.23%	6ヶ月	3,315万円	8
プレファン	4.54%	6ヶ月	1,612万円	16
信長ファンディング	5.00%	10.5ヶ月	1,680万円	6

以前にもファンド対象として運用し、分配・償還ができた物件は、今回も問題なく運用できる確率が高いと考えられます。

不動産クラウドファンディングのファンド分析を、詳しく行っているサイト（下図参照）などを参考にして情報を収集し、安全性の高いファンドに投資することを心がけましょう。

5 筆者が実践する投資方法

私は償還された資金を**先着方式・短期運用・インカムゲイン型のファンド**に回して、ポートフォリオの調整をしています。

抽選方式は抽選に外れることがありますが、先着方式で募集額の大きいファン

● クラウドファンディング比較サイト　トチクモ

出典：https://kumo-funding.com/

ドは、申し込みができたと同時に投資完了となります。

調整におすすめのファンド例

穴吹興産（東証スタンダード／8928）が運営する「Jointo α（ジョイントアルファ）」の「**エリア分散型アルファアセットファンド**」がおすすめです。

このファンドに投資すると、全国に点在する20物件以上の区分マンションに投資することになり、REITに近い感覚で投資ができ、分散投資効果が期待できます。

運用期間6ヶ月（12ヶ月のファンドもあり）、想定利回りは2～3%、インカムゲイン型で償還実績もあり、リスクは限定的と考え、実際に投資しています。

● Jointo αのエリア分散型アルファアセットファンド　第五弾　概要ページ

出典：https://join-to.jp/investment/investment_entry.html?fund_id=30

■景気回復・拡大局面

景気回復・拡大局面には、**不動産価格が上昇し、家賃収入の増加**も期待できます。

不動産価格自体が上昇基調であれば、将来的な売却も問題なくできると考えられます。

この場合の不動産クラウドファンディングの投資戦略は、キャピタルゲインとインカムゲインを組み合わせた**複合ファンドの長期間運用（12ヶ月以上）案件**を選択肢に入れると良いでしょう。

検討する事業者例としては、**クリアル**（東証グロース／2998）が運営する**「CREAL」の複合ファンド**が投資の選択肢に入ります。

「Hmlet CREAL銀座築地」ファンドは、想定利回りが4・5%ですが、インカムゲイン相当1・5%、キャピタルゲイン相当3%を組み合わせる**複合ファンド**になっています。

運用期間は、長期間運用に分類される18ヶ月

● Hmlet CREAL 銀座築地　概要ページ

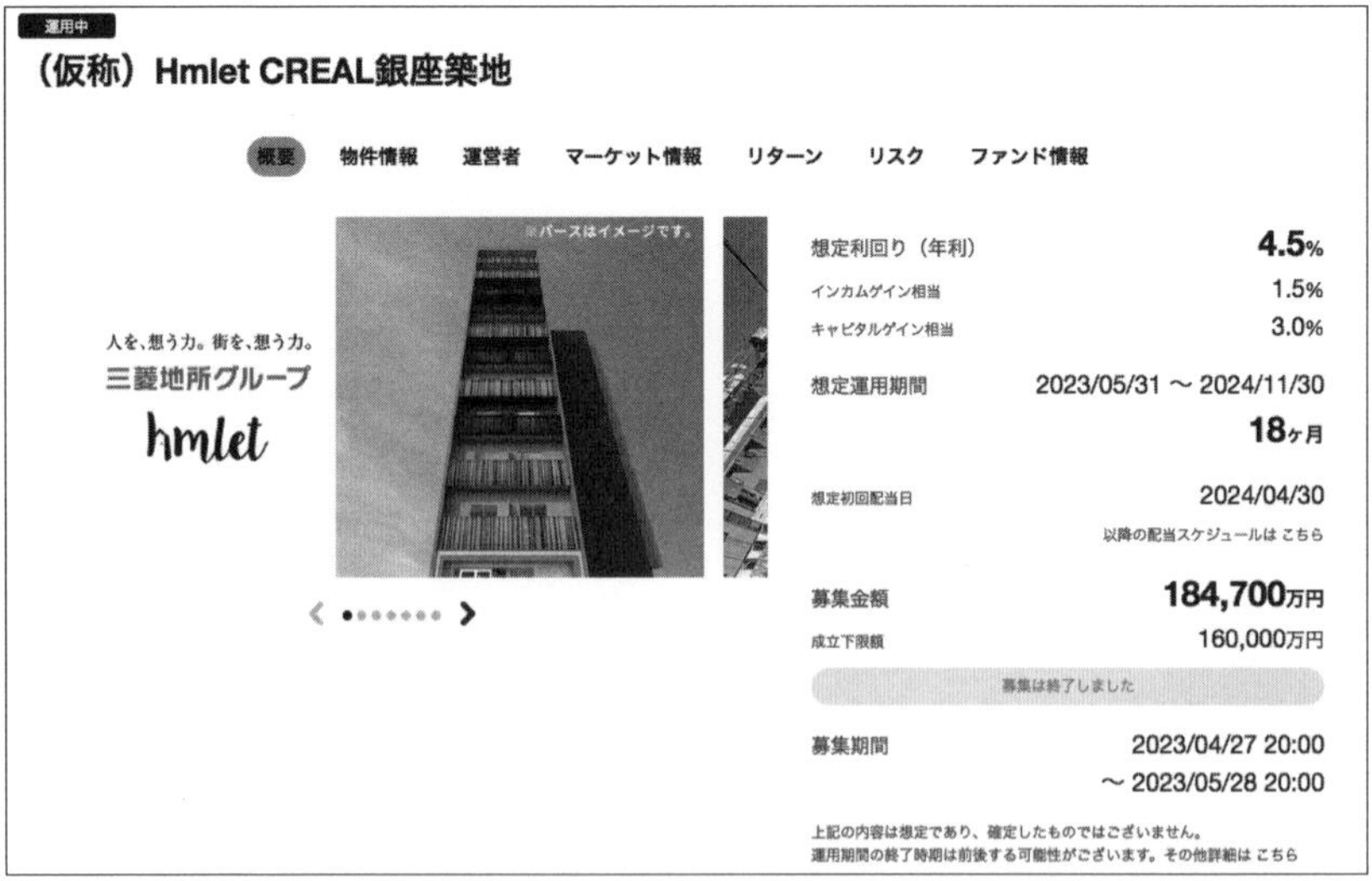

出典：https://creal.jp/funds/86/

間です。

このファンドの投資対象物件には、運用期間を超えるマスターリース契約が締結されています。三菱地所のグループ会社とのコラボファンドということもあり、人気のファンドとなりました。

長期間運用ファンドのメリットは、家賃収入が安定した物件に投資できれば、**長い期間にわたり分配金を受け取る**ことができる点です。

また、運用期間が長いことで、事業者は運用期間内でベストな売却時期を見定めることができ、結果的に**売却価格の変動リスクを抑える**ことに繋がります。

短期と長期それぞれの特徴があるので、自分の資産の状況に合わせて、選びたいですね！

04 株式市場に連動しないREIT市場について

1 REITの平均分配金利回りは4・5%を超える

2024年に入り日経平均株価は、1990年3月以来、33年10ヶ月ぶりの高値水準となり、史上初の4万円台を記録しました。

一方で、**東証REIT指数**や**REIT個別銘柄**は好調な株価に連動せず、投資口価格が下がっている銘柄も多い状況です。これは金利上昇への警戒感や様々な要因で起きています。

「分配金」÷「投資口価格」で求める**REIT平均分配金利回りは4・5%を超え**てきており、投資妙味は高まっています。

REITへの投資は、投資口価格が下落し、分配金利回りが上昇し

● 順張り

順張り	相場の流れに従ってポジションを持つこと

買
上がりそうなので買い
売
下がりそうなので売り

ている時が一つのエントリーポイントになります。

ただし、**分配金が維持されていること**がエントリーの条件（87ページ参照）になりますので、しっかりと確認しましょう。

ただし、投資口価格の下落局面での購入は**逆張り**となりますので、投資するタイミングを複数回に分け、分散投資しましょう。

少額からＲＥＩＴ銘柄への打診買いを始める好機かもしれません。

2 分配金の連続増加に注目したＲＥＩＴ銘柄３選

投資口価格が全体的に下落傾向の時、どのような銘柄が良いかというと、**分配金が連続して増加している銘柄**に注目するのが効果的です。

新ＮＩＳＡが始まり、高配当株への投資が活況になっている今、**連続増配銘柄**への注目度は高まっています。

ＲＥＩＴは利益の90％以上を分配する仕組みのため、増配している銘柄＝業績が良い銘柄と考えることができます。

業績が良いにもかかわらず、売られすぎの銘柄は長期目線での投資を始める好機と捉えることができます。

今回の選定基準は、次の３つです。

● 逆張り

逆張り	相場の動きとは反対のポジションを持つこと

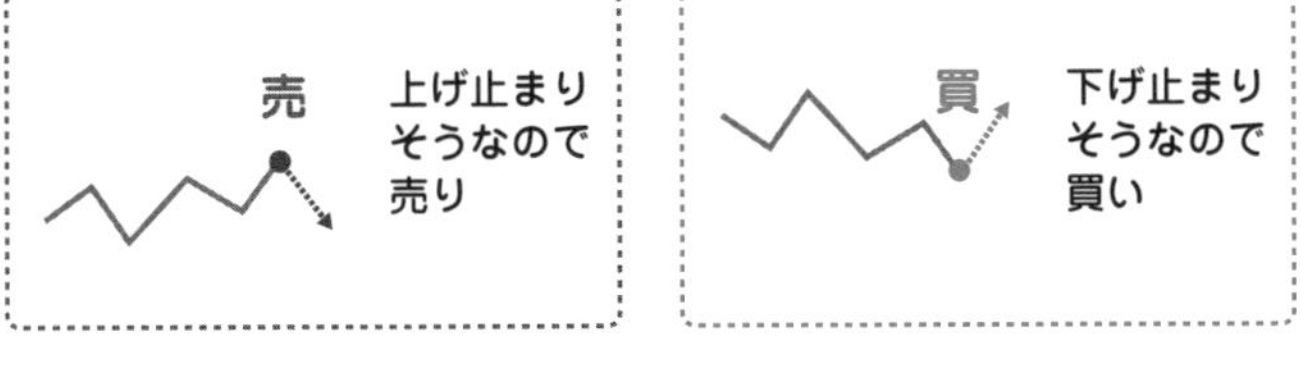
売
上げ止まりそうなので売り
買
下げ止まりそうなので買い

- 分配金実績が5期以上連続して増加
- NAV倍率1倍割れ
- 分配金利回り3・5％以上

この選定基準をクリアした銘柄は、この3銘柄です。

- 8966 平和不動産リート投資法人（16期連続）
- 3481 三菱地所物流リート投資法人（10期連続）
- 3269 アドバンス・レジデンス投資法人（5期連続）

これらの銘柄を、**新NISAの成長投資枠で長期投資を前提に組み入れる**ことで、安定した分配金を長期間、非課税で受け取れる可能性があります。

3 暴落は誰しもが経験する

投資をしていると数十年に一度、**マーケットの大暴落**

● 東証REIT指数の推移（2005～2024年）と2つの大暴落

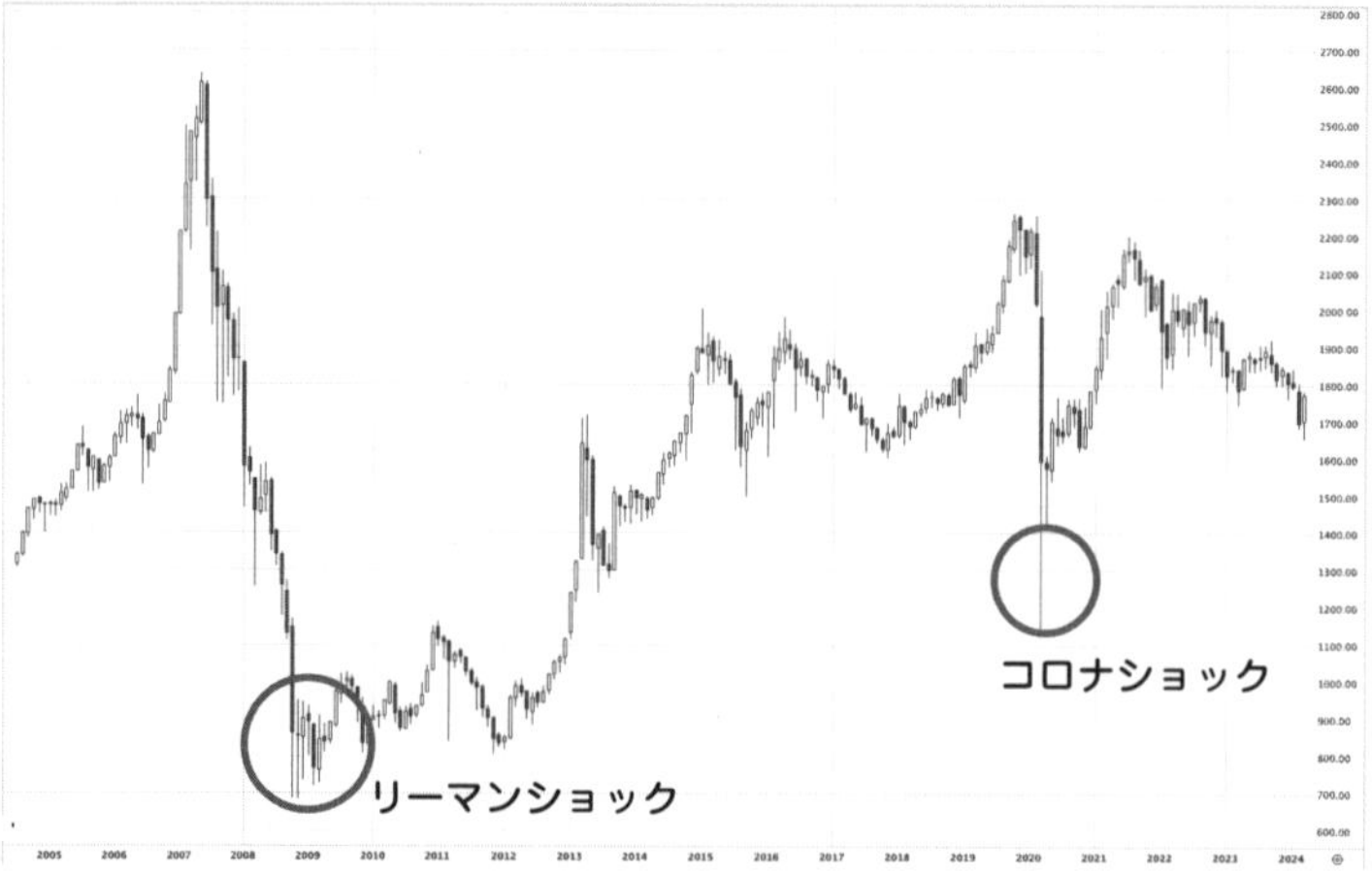

出典：TradingView（https://jp.tradingview.com/）

を経験することがあります。

近年では、**リーマンショック**や**コロナショック**などがあり、マーケットの混乱から全面安になり、投資家心理が一気に冷え込み、売りが売りを呼び大きな下落につながりました。ＲＥＩＴも新型コロナウイルス感染拡大により、大きな下落をしたことは記憶に新しく、特に**ホテル特化型銘柄**は大きな影響を受けました。

コロナ感染拡大に伴い、緊急事態宣言が出され、人の動きが止まり、全国のホテルの稼働率は著しく下がりました。

特にインバウンドを顧客ターゲットにしていたホテルは、稼働率が０％近くまで低下しました。

ホテル主体のＲＥＩＴ銘柄「インヴィンシブル投資法人」は、ホテルの売上に連動して受け取る変動賃料の減少と固定賃料の減免などを理由に、２０２０年６月期の分配金を１７２５円から69円にする**大幅な減配**を発表し、投資口価格も大きく下落しました。

世界中でコロナショックが起こり、株式やＲＥＩＴが売られ、ドル円は１０１円台と急激な円高になり、原油など商品

● インヴィンシブル投資法人の分配金の推移

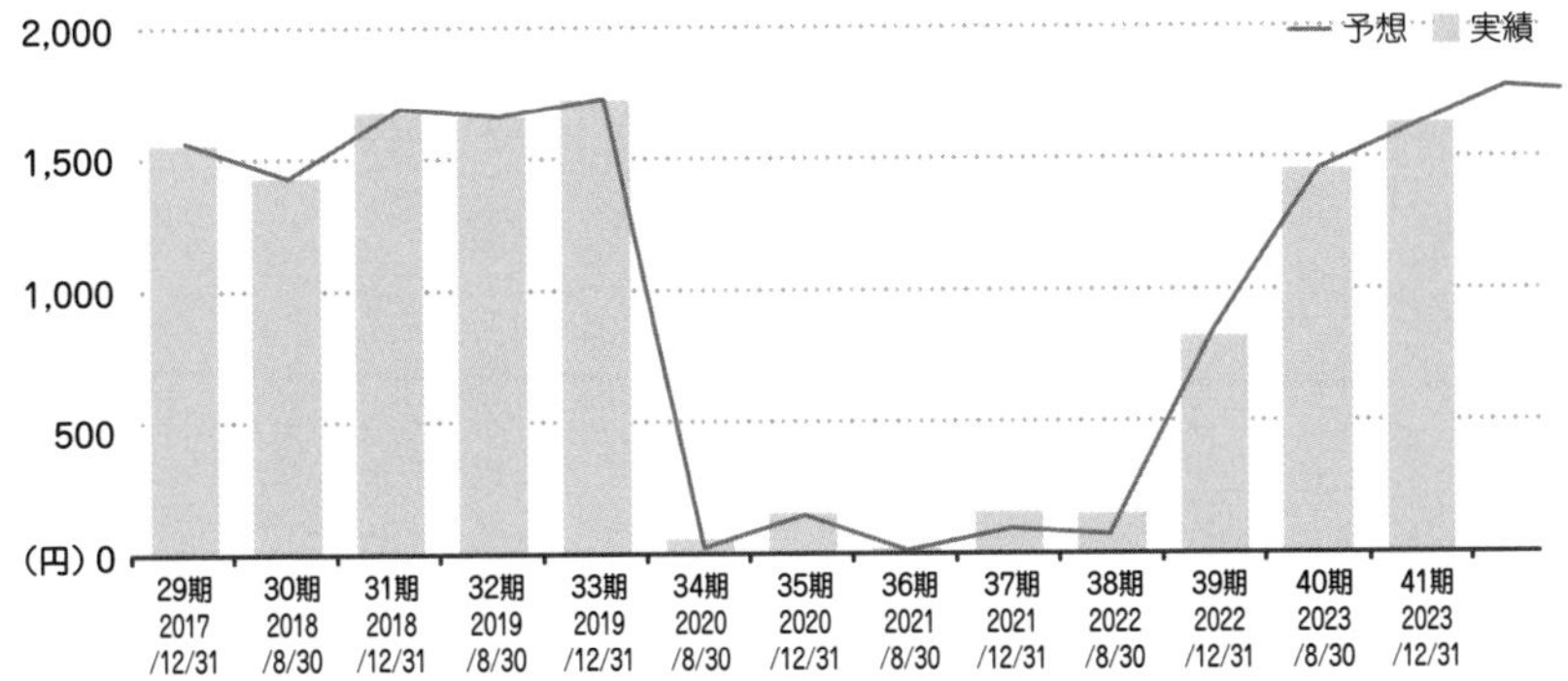

先物も急落しました。

4 狼狽売りには注意! 投資目的を確認しよう!

多くの投資家が、この急落から恐怖を感じ慌てて売る**狼狽売り**に走りました。

この判断は間違いとは言えませんが、その後、株価や投資口価格はコロナ前の水準にまで戻りました。

注目するポイントは、分配金もコロナ以前の水準まで戻っている点です。

マーケットは暴落しても、**元の水準まで戻している歴史**があります。

ただし、元に戻るまでの時間がかかる場合があります。

例にした「インヴィンシブル投資法人」は約3年でコロナ前の分配金水準に戻りました。

株式投資で短期的な売買差益を狙う投資をしていた場合であれば、この急落を受けてロスカットすることは正しい投資行動となります。

事前に決めた投資期間(短期or長期)と、狙う利益の種類(キャピタルゲインorインカムゲイン)により、暴落時の適切な行動は異なってきます。

REITは、長期的に**インカムゲインである分配金**を受け取ることを目的とした投資のため、**保有を続けて分配金を受け取りながら戻りを待つ戦略**が有効となります。

投資の目的を明確にしておくことも重要な準備となります。

Episode 3

「投資」と「投機」の違いとは？

ー投資＝ギャンブルではないー

投資は危険でギャンブルに近いことだと考える人も少なくありません。

これは、「投資」と「投機」の違いを認識していないことが原因だと思われます。

投資とは今ある資金を投じることにより、将来の資産を増やす目的の行動を指します。短くて数ヶ月、長くて 10 年以上に渡って投資します。

また、中長期目線で投資を行うことで、リスクを抑えながらリターンを追求することが投資の特徴と言えます。

一方、投機とは、短期間での価格変動を狙い、利益を得る目的で資金を投入することです。投機は運の要素が強く、再現性が低いため、中長期での資産形成には向いていません。

特殊な能力を持った人以外は、投機で資産形成をすることは、一般的には無理だと認識されています。

次にギャンブルとは、賭博や博打と表現される行為で、お金や金品を賭けて勝負をすることです。ギャンブルの特徴は、参加者の間で必ず勝者と敗者が分かれることです。

自身でコントロールできることは少なく、その瞬間に運が良かった人がリターンを手にし、運の悪かった人は資産を失うという構図になることがギャンブルです。

また胴元と呼ばれる主催者がいることもギャンブルの特徴と言えます。

主催者は参加者から集めたお金から、運営料や手数料を差し引き残った分を、的中者や勝者に一定の割合のみを分配する仕組みです。つまり、主催者は必ず利益があり、一部の人だけが勝ち、残りの大多数の人は負けてお金が減るという結果になります。

これらのギャンブルの特徴と投機を比較すると、投機はギャンブルと同じであるとは言い切れません。しかし、投機は場合によっては運の要素だけによる結果となるため、近い部分もあると言っても良いかもしれません。

資産と時間に余裕のある人は別ですが、投資初心者や少しの豊かさを目指している人は、敏腕トレーダーを目指すのではなく、堅実な投資を心がけたほうが将来の資産形成に繋がると言えます。

ギャンブルは、勝者と敗者が明確に存在することが特徴ですが、投資は違います。

投資は、商品や銘柄を保有することで、配当金や分配金が得られる場合があります。これにより、その商品や銘柄に投資した全員が利益を得ている状態になるケースがあり、敗者が生まれないことになります。

これが投資はギャンブルではないという証明になります。

おわりに

本書を最後までお読みいただき、ありがとうございます。

不動産は文字通り動かすことができず、全く同じものが存在しないため、それぞれに固有の価値がある資産です。多くの投資商品を選ぶことができる富裕層が現物不動産投資を実践していることは、不動産が優れた投資対象であることを表しています。

しかし多くの個人投資家にとって、高価値で規模が大きい不動産への投資機会はなかなかありませんでした。

近年はインターネットの普及により、本書でご紹介した不動産を小口化した「REIT」や「不動産クラウドファンディング」へ少額から手間なく投資が可能となりました。

これらの投資商品は、一攫千金を目指す投資方法ではありませんが、正しく理解すれば時間を味方につけ、分配金という不労所得を受け取り続けることが可能で、リスクを抑えながら堅実な資産形成を目指していく守りの手法です。

私は読書が好きですが、書店の棚を見ると現物不動産投資を扱う本はたくさんありますが、少額からできる不動産投資を詳しく解説する本は並んでいない印象がありました。

今回は、私がＦＩＲＥ生活を維持する中で実践している投資手法を、ぜひ多くの方にご紹介したいという気持ちで執筆いたしました。現物不動産投資への進出に躊躇している方や、株式との分散投資先をお探しの方にとって、本書がお役に立てれば幸いです。

本書を執筆するにあたり、特にお世話になった方々をご紹介します。お二人に心より感謝いたします。

・今回の執筆をプロデュースしていただいた「世界一やさしい　IPO投資の教科書　1年生」（ソーテック社）の著者　カブスルさん（https://twitter.com/kabusuru5）
・初めて執筆する私を、素晴らしいアイデアと編集力でサポートいただいた、ソーテック社ご担当の大前さん

新NISA制度が始まり、投資に対して注目が集まっている中、日経平均株価も三十数年ぶりの上昇を記録しました。最近は、大手ネット証券会社の手数料無料化などもあり、投資しやすい環境が整ってきている印象があります。

個人でも資産を増やす方法の選択肢が多くあり、投資に関しては以前に比べて恵まれた時代になったと思います。今が投資を始める絶好の機会かもしれません。少しの勇気を持って、投資の世界の扉を開いてみることが重要です。

私は「投資は人生を豊かにし、より楽しくするもの」だと感じています。

この本をお手に取っていただいた方の資産形成が上手くいくことを願いつつ、あとがきを終えたいと思います。この度は本書をご購入いただき、ありがとうございました。

かつさんど

● トチクモ
https://kumo-funding.com/

● お問い合わせはこちらより
https://kumo-funding.com/column/book.html

世《せ》界《かい》一《いち》やさしい REITの教科書 1年《ねん》生《せい》

2024年 4月30日　初版第1刷発行

著　者　かつさんど
装　丁　植竹 裕 (UeDESIGN)
発行人　柳澤淳一
編集人　久保田賢二
発行所　株式会社ソーテック社
〒102-0072 東京都千代田区飯田橋4-9-5　スギタビル4F
電話：注文専用　03-3262-5320
FAX：　03-3262-5326
印刷所　図書印刷株式会社

ISBN978-4-8007-2131-0